Charbel Lahoud

Mise en place d'une cellule de veille 2.0

Charbel Lahoud

Mise en place d'une cellule de veille 2.0
Etude de marché et retour d'expérience

Presses Académiques Francophones

Impressum / Mentions légales
Bibliografische Information der Deutschen Nationalbibliothek: Die Deutsche Nationalbibliothek verzeichnet diese Publikation in der Deutschen Nationalbibliografie; detaillierte bibliografische Daten sind im Internet über http://dnb.d-nb.de abrufbar.
Alle in diesem Buch genannten Marken und Produktnamen unterliegen warenzeichen-, marken- oder patentrechtlichem Schutz bzw. sind Warenzeichen oder eingetragene Warenzeichen der jeweiligen Inhaber. Die Wiedergabe von Marken, Produktnamen, Gebrauchsnamen, Handelsnamen, Warenbezeichnungen u.s.w. in diesem Werk berechtigt auch ohne besondere Kennzeichnung nicht zu der Annahme, dass solche Namen im Sinne der Warenzeichen- und Markenschutzgesetzgebung als frei zu betrachten wären und daher von jedermann benutzt werden dürften.

Information bibliographique publiée par la Deutsche Nationalbibliothek: La Deutsche Nationalbibliothek inscrit cette publication à la Deutsche Nationalbibliografie; des données bibliographiques détaillées sont disponibles sur internet à l'adresse http://dnb.d-nb.de.
Toutes marques et noms de produits mentionnés dans ce livre demeurent sous la protection des marques, des marques déposées et des brevets, et sont des marques ou des marques déposées de leurs détenteurs respectifs. L'utilisation des marques, noms de produits, noms communs, noms commerciaux, descriptions de produits, etc, même sans qu'ils soient mentionnés de façon particulière dans ce livre ne signifie en aucune façon que ces noms peuvent être utilisés sans restriction à l'égard de la législation pour la protection des marques et des marques déposées et pourraient donc être utilisés par quiconque.

Coverbild / Photo de couverture: www.ingimage.com

Verlag / Editeur:
Presses Académiques Francophones
ist ein Imprint der / est une marque déposée de
OmniScriptum GmbH & Co. KG
Heinrich-Böcking-Str. 6-8, 66121 Saarbrücken, Deutschland / Allemagne
Email: info@presses-academiques.com

Herstellung: siehe letzte Seite /
Impression: voir la dernière page
ISBN: 978-3-8381-4340-8

Copyright / Droit d'auteur © 2014 OmniScriptum GmbH & Co. KG
Alle Rechte vorbehalten. / Tous droits réservés. Saarbrücken 2014

Sommaire

Sommaire 2

1. *Introduction* 6

2. *Qu'est ce que le Web 2.0 ?* 7
   - 2.1 **Une définition problématique** 7
   - 2.2 **Les origines du terme** 8
   - 2.3 **Les principales évolutions apportées par le web 2.0** 9
     - 2.3.1 Une révolution technologique ? 9
     - 2.3.2 Quelles nouvelles pratiques ? 10
       - ✓ L'essor des communautés virtuelles et des réseaux sociaux 10
       - ✓ Une culture de mixage 10
       - ✓ L'essor des communautés virtuelles et des réseaux sociaux 11
   - 2.4 **Un lieu de tension entre l'individu et la communauté** 11
     - 2.4.1 Une frontière entre la sphère publique et la sphère privée de plus en plus floue ... 12
     - 2.4.2 Des pratiques collaboratives fondées sur une réaffirmation des intérêts personnels ... 12
   - 2.5 **La participation, talon d'Achille du Web 2.0 ?** 13
     - 2.5.1 Une participation hétérogène 13
     - 2.5.2 Une participation d' « amateurs » ? 14
   - 2.6 **Faut-il enterrer le Web 1.0 ?** 15
     - 2.6.1 Le mail, activité dominante d'internet 15
     - 2.6.2 Une population non représentative 16
       - ✓ Le public du Web 2.0 est plutôt jeune 16
       - ✓ Les communautés sont isolées et structurées en îles 17
       - ✓ Le manque d'exhaustivité 18
   - 2.7 **Le Web 2.0 est mort, vive le Web 3.0 ?** 19

3. *Le Web 2.0, outil de veille et de recherche d'informations* 21
   - 3.1 **Partager et collaborer** 21
     - 3.1.1 Les bookmarks sociaux 21
       - ✓ L'ajout d'adresse 21
       - ✓ Les tags 22
       - ✓ Les communautés 23
       - ✓ Quel service pour quelle veille ? 24
     - 3.1.2 Le multimédia : photos et vidéos 24
       - ✓ Les images 24
       - ✓ Les vidéos 25
     - 3.1.3 Le partage de CV 26
       - ✓ Les fonctionnalités 27
       - ✓ La veille 28

	✓	Les autres réseaux	28
3.1.4		Les sites d'actualités collaboratives : recommandation et notation	28
	✓	Les « Digg Like »	28
	✓	Les mix actualités / contributions des internautes	29

3.2 Rechercher et collecter 30
- 3.2.1 Les sites d'actualités collaboratives : recommandation et notation 30
  - ✓ Les flux RSS omniprésents 31
  - ✓ Les outils pour trouver des blogs et flux RSS 32
- 3.2.2 La recherche par tag 33
- 3.2.3 Les moteurs de recherche collaboratifs 34
  - ✓ Wikiasari 34
  - ✓ Humains ou algorithmes ? 35
- 3.2.4 La verticalisation 35

3.3 Surveiller 35
- 3.3.1 La détection du flux RSS 35
- 3.3.2 La mise en surveillance 36
- 3.3.3 Pourquoi une veille via le RSS ? 36

3.4 Carte des outils et ressources Web 2.0 38

4. *Mise en place d'une cellule de veille 2.0* 39

4.1 Qu'est-ce que la veille ? 40

4.2 Les enjeux de la veille sur internet 41
- 4.2.1 Améliorer la veille concurrentielle 41
- 4.2.2 Surveiller les médias traditionnels 42
- 4.2.3 Surveiller les blogs et les forums 42
  - ✓ Le détournement du logo de la SNCF 43
  - ✓ L'exemple illustré de l'antivol Kryptonite 44
  - ✓ HSBC : Puissance de fédération d'un réseau social 44

4.3 Organisation et fonctionnement d'une cellule de veille 45
- ✓ Collecte / Recherche 46
- ✓ Traitement de l'information 47
- ✓ Diffusion 47
- ✓ Capitalisation 48

4.4 Processus de mise en place d'une cellule de veille 48
- 4.4.1 Analyse de l'existant 48
- 4.4.2 Définition du besoin 49
- 4.4.3 Identification des besoins en ressources humaines 50
- 4.4.4 Sélection d'un outil adapté au besoin 50

4.5 Les facteurs clés des succès 50

5. *Une cellule de veille chez Capgemini Consulting* 52

5.1 Contexte 52
- 5.1.1 Le développement interne du cabinet 52
- 5.1.2 Les objectifs de l'offre « Business Innovation through IT » 52

- 5.1.3 Pourquoi une cellule de veille au sein de l'offre ? ... 53
- **5.2 Démarche ... 53**
  - 5.2.1 Analyse de l'existant ... 53
  - 5.2.2 Définition du besoin ... 54
  - 5.2.3 Identification des besoins en ressources humaines ... 55
  - 5.2.4 Sélection d'un outil adapté au besoin ... 55
- **5.3 Description du dispositif ... 55**
- **5.4 Les outils ... 56**
- **5.5 Première vague ... 57**
  - 5.5.1 Kick-off ... 57
  - 5.5.2 Bilan de la première vague ... 58
- **5.6 Préparation de la deuxième vague ... 59**
  - 5.6.1 Constats suite à la première vague ... 59
  - 5.6.2 Plan d'actions pour fin Janvier ... 59
  - 5.6.3 Bilan à ce jour ... 60

6. Conclusion ... 61

7. Annexes ... 62

- **7.1 Web 1.0 vs Web 2.0 ... 62**
- **7.2 Qu'est-ce que le « Web Invisible » ? ... 63**

« Une qualité de contenu 3 fois supérieure à celle du web visible ». **Pourquoi ? Essentiellement parce que la majeure partie des sites du web invisible sont des sites spécialisés, dédiés à une activité, une technologie, un métier et que leur contenu émane ou est validé par des professionnels, spécialistes et experts. ... 64**

- **7.3 Glossaire du Web 2.0 (ASSELIN, et al., 2007) ... 65**
- **7.4 Les flux RSS et ATOM ... 67**
- **7.5 Benchmark des lecteurs de flux RSS et ATOM ... 68**
- **7.6 Présentation de Capgemini Consulting et de l'entité BIS ... 70**
  - 7.6.1 Capgemini Consulting, leader en France du conseil en management ... 70
  - 7.6.2 Une capacité unique à relever les enjeux d'un projet de transformation et à concevoir la stratégie de mise en œuvre ... 70
  - 7.6.3 Une approche et un style différenciant dont nos clients reconnaissent la valeur ajoutée et la particularité ... 71
  - 7.6.4 Capgemini Consulting en bref ... 71
  - 7.6.5 Le modèle de conseil Capgemini ... 72
  - 7.6.6 Les domaines de compétences ... 72
  - 7.6.7 Les expertises : Sectorielles et fonctionnelles ... 73
  - 7.6.8 BIS, une équipe leader sur son marché ... 73
  - 7.6.9 BIS intervient dans tous les secteurs d'activité, auprès d'entreprises leaders dans leur domaine ... 74
- **7.7 Présentation du « Paris Shop » (cellule de veille de Capgemini) ... 75**

7.8	Joomla! (Source : Wikipedia)	76
7.8.1	Caractéristiques	76
✓	La modularité	76
✓	Une interface administrateur simple d'utilisation	76
✓	La Personnalisation	77

8. Biographie des principaux auteurs 78

9. Table des Figures 80

10. Bibliographie 81

1. Introduction

En seulement 4 ans, le concept de Web 2.0 s'est répandu comme une traînée de poudre aussi bien dans les milieux plus ou moins fermés du Web que dans les médias grand public. Mais en dépit de cet effet de mode, ce phénomène est vraiment sérieux, même s'il reste difficile à cerner.

Ainsi, au-delà des nombreux abus d'ordre marketing (plus de 9,5 millions de citations[1] dans *Google* en 2005), le Web 2.0 offre certains outils qui peuvent permettre aux utilisateurs, qu'ils soient amateurs ou professionnels, d'améliorer leurs recherches d'informations sur un sujet donné en général et d'améliorer donc leur veille sur internet en particulier.

L'objectif de cette thèse professionnelle est de sensibiliser les lecteurs sur ce thème d'actualité et de leur fournir tous les éléments pour comprendre aussi bien les enjeux du Web 2.0 que les enjeux de veille sur internet.

Ce document est structuré en 4 temps :

Partie 1 : Qu'est-ce que le « Web 2.0 » ?

Pour aborder cet univers, je présente dans cette partie les principales analyses aussi bien positives que négatives qui tournent autour du thème pour mieux comprendre les enjeux de ce nouveau souffle du Web.

Partie 2 : Le « Web 2.0 », outil de veille et de recherche d'informations

Avant de se lancer dans la mise en place d'une cellule de veille, cette deuxième partie décrit les principales nouveautés apportées par le « Web 2.0 » dans la recherche d'informations.

Partie 3 : Mise en place d'une cellule de veille 2.0

En m'inspirant aussi bien de livres blancs édités par les éditeurs de solutions de veille intégrées[2] que de démarches de professionnels disponibles sur les blogs, la troisième partie détaille la démarche que j'ai suivie pour mettre en place une cellule de veille 2.0 au sein de Capgemini Consulting

Partie 4 : Une cellule de veille chez Capgemini Consulting

Finalement, cette quatrième et dernière partie présente le bilan de la mise en place de la cellule de veille 2.0 au sein de Capgemini Consulting.

---

[1] Paru dans l'article *« Qu'est ce que le web 2.0 : Modèles de conception et d'affaires pour la prochaine génération de logiciels »* et publié sur http://www.internetactu.net (chiffre datant du mois de septembre 2005)

[2] Principalement *KBCrawl* et *Digimind*.

2. Qu'est ce que le Web 2.0 ?

2.1 Une définition problématique

Il suffit de lancer une recherche Google© sur le terme « 2.0 » pour ce rendre compte de l'ampleur du phénomène : « site 2.0 », « application 2.0 », « ville 2.0 », « apprendre 2.0 », « mobile 2.0 », « usages 2.0 » et même « la première box 2.0 »... L'usage intensif du suffixe « 2.0 » est symptomatique d'un flou général quant à la nature même de ce qui a changé sur le web. Chaque tentative de définition du terme constitue à la fois un enjeu éditorial et exercice de style. Plusieurs sites ou blogs, comme *« Dessine-moi le web 2.0*[3] *»* ont même pour seule vocation d'essayer d'épuiser le lot de définitions possibles.

D'autres s'essayent à une définition en miroir. A l'image de Christophe ASSELIN[4] et Véronique MESGUICH[5] qui en proposent une interprétation en creux : *« Mettons d'abord les choses au point : le Web 2.0 n'est pas une (r)évolution ou un concept de dimension technologique »* (ASSELIN, et al., 2007).

Comme toute chose, le web 2.0 possède aussi ses détracteurs : « Le web 2.0 est un mythe, le web 2.0 n'existe pas. C'est toujours le même web, avec plus de fonctions collaboratives, plus de tags, plus d'AJAX », affirme Nova Spivack de Radar Networks traduit par Clément HARDOUIN (HARDOUIN, 2006). Nicholas G. CARR[6] est aussi connu pour ses positions critiques à l'égard du caractère « nouveau » des nouvelles technologies. Dans un article « l'amoralité du web 2.0 » publié sur son blog, il s'en prend aux valeurs « New Age » :

Nicholas G. CARR

Et donc, toutes les choses que le web 2.0 représente - participation, collectivisme, communautés virtuelles, amateurisme - deviennent bonnes sans arguments, des idées qu'il faudrait nourrir et applaudir comme les emblèmes d'un progrès vers un état plus éclairé. Mais en est-il vraiment ainsi ? Y'a-t-il des contre-arguments à proposer ? Tout bien pesé, l'effet du web 2.0 sur la société et la culture pourrait-il s'avérer plutôt négatif ? Voir le web 2.0 comme une force morale reviendrait à rester sourd à ces interrogations.

---

[3] http://www.deuxzeros.com/

[4] Christophe ASSELIN est consultant spécialiste de la veille chez Digimind (cf. Biographie des principaux auteurs)

[5] Véronique MESGUICH dirige l'infothèque du Pôle Universitaire Léonard de Vinci (cf. Biographie des principaux auteurs)

[6] Nicholas G. CARR, est l'auteur notamment de *« Does IT Matter ? »* (cf. Biographie des principaux auteurs)

Au final, les « théoriciens » du concept s'accordent que sur une chose : l'avènement du Web 2.0 repose sur le positionnement de l'utilisateur et de ses relations avec les autres (plutôt qu'avec des contenus ou machines) au centre de l'Internet.

2.2 Les origines du terme

C'est au cours de l'été 2004 que le terme "web 2.0" apparaît pour la première fois, lors d'une séance de brainstorming, Dale DOUGERTHY, co-fondateur de la société d'édition **O'Reilly Media**[7], Craig CLINE de **MediaLive**, et le journalise John BATTELLE, cofondateur du magazine **Wired**. Il s'agissait alors de mettre un mot sur le sentiment qu'un changement qualitatif est en train de survenir le Web.

L'expression 2.0 est utilisée à ce propos pour marquer l'émergence d'une nouvelle étape dans la courte histoire du web, étape caractérisée par un changement des règles et une modification des modèles de revenus.

Le volet social sera développé plus tardivement par Tim O'REILLY lors de la deuxième conférence Web 2.0 en octobre 2005. Il devient le principal artisan du déploiement de l'expression « Web 2.0 ». Son article intitulé *« What is Web 2.0: Design Patterns and Business Models for the Next Generation of Software »* fait de lui un des premiers théoriciens du concept. C. ASSELIN et V. MESGUICH résument cet article en 7 principes :

Tim O'REILLY

> 1. **Le web vu comme une plate-forme de services**. On passe d'une collection de sites web à une plateforme informatique à part entière, fournissant des applications web aux utilisateurs.
>
> 2. **Considérer les internautes comme co-développeurs des applications**. On passe ainsi de la notion de "logiciel produit" à celle de "logiciel service".
>
> 3. **Le service s'améliore quand le nombre d'utilisateurs augmente**. Le Web 2.0 met à profit l'effet de la "longue traîne" (ou long tail en anglais), popularisé par le magazine Wired : les produits qui sont l'objet d'une faible demande, ou qui n'ont qu'un faible volume de vente, peuvent collectivement représenter une part de marché égale ou supérieure à celle des best-sellers, si les canaux de distribution peuvent proposer assez de choix. Les utilisateurs du Web 2.0 disposent de données uniques, difficiles à recréer, et dont la richesse s'accroît avec l'augmentation du nombre des utilisateurs.
>
> 4. **La richesse est dans les données** : Toutes les applications web d'importance sont liées à une base de données spécialisée. O'Reilly envisage un mouvement "des données libres" s'opposant peu à peu à l'univers des données propriétaires.
>
> 5. **Tirer parti de l'intelligence collective** : c'est le principe même adopté par l'encyclopédie en ligne Wikipedia et d'autres sites similaires. Pour Tim O'Reilly, l'implication des utilisateurs dans le réseau est le facteur-clé pour la suprématie sur le marché.
>
> 6. **Mettre en place des interfaces souples et légères** fondées sur les nouveaux standards et protocoles du Web. Le logiciel se libère du PC.
>
> 7. Une autre des caractéristiques du web 2.0 est **le fait qu'il n'est plus limité à la plateforme PC, mais vise notamment les "objets nomades"**, téléphone portable, PDA ou lecteur portatif audio.

---

[7] O'Reilly Media est une société d'édition américaine, fondée par Tim O'Reilly en 1978, et dont l'activité principale est la publication de livres concernant l'informatique (source : Wikipedia)

2.3 Les principales évolutions apportées par le web 2.0

Le « changement » désigné sous le terme de web 2.0 possède non pas une, mais de multiples dimensions : technologique, sociologique (pratiques et usages) et économique.

2.3.1 Une révolution technologique ?

Les outils constituent certes un moyen commode de désigner le web 2.0, mais ce n'est pas dans les outils que se trouve le cœur du changement.

Comme le signale C. ASSELIN et V. MESGUISH, les langages informatiques et applications utilisés par ce que l'on appelle le Web 2.0 n'ont rien de révolutionnaire : *« Pour se structurer en réseau de bases de données et services collaboratifs, le web 2.0 utilise donc des technologies matures, âgées de 5 à 10 ans pour la plupart, l'évolution n'est pas tant dans la technologie elle-même que dans la façon de mixer ces technologies pour apporter des services et une ergonomie nouvelle à l'utilisateur ».* Ainsi AJAX (voir glossaire), l'une des technologies phares du Web 2.0 n'est pas un nouveau langage mais un nouveau concept qui utilise les standards du Web : XHTML et CSS, DOM pour l'affichage dynamique, XML et XSLT pour l'échange de données, et JavaScript qui lui-même combine tous ces langages. Le terme Ajax a été apporté par Jesse James GARRETT, de l'agence web **Adaptive Path**.

Malgré tout, il y a une évolution technologique aux fondements du web 2.0 comme le montre A. McAFEE un « renversement philosophique » a eu lieu, en l'occurrence un recentrage sur l'utilisateur et la simplicité[8] :

Andrew McAFEE

" As technologists were building the new platforms they were also rethinking their roles, and making a fundamental philosophical shift. Instead of imposing their own ideas about how the platforms should be structured, they started working hard to avoid such imposition, and to build tools that let structure emerge.

The Trends Underlying Enterprise 2.0, 26 mars 2006

Ce qu'il y a d'original, c'est que l'évolution réside non pas dans les systèmes eux-mêmes mais dans la façon de les concevoir et de prendre en compte le rôle de l'utilisateur à leur égard.

---

[8] [En même temps qu'ils élaboraient de nouvelles plateformes, les informaticiens ont repensé leur rôle, accomplissant ainsi un renversement philosophique majeur. Au lieu d'imposer leurs propres idées sur la façon dont les plateformes devaient être conçues, ils ont travaillé à éviter que la question ne se pose et ont construit des outils qui permettaient à la structure d'émerger d'elle-même]

2.3.2 Quelles nouvelles pratiques ?

Ce sont les pratiques sociales qui constituent le cœur du Web 2.0. Chacune d'entre elles est aussi importante que les autres et toutes s'interpénètrent. Toutes sont basées sur une culture de l'échange et du partage, de la collaboration et de la création collective. C'est en cela qu'on peut les rapprocher de la notion d'intelligence collective.

Cette appropriation du web par les internautes explique que l'on qualifie le web 2.0 de « Social Web » (ou Web Social). Le web est devenu non plus une aventure technologique mais une « aventure humaine » (GUILLAUD, 2005).

✓ L'essor des communautés virtuelles et des réseaux sociaux

Selon Pierre LEVY (LEVY, 2002), l'émergence des communautés virtuelles est l'un des évènements les plus importants de ces dernières années. Le philosophe définit la communauté virtuelle comme *« un réseau de personnes intéressées par les mêmes thèmes »* ou encore *« un groupe de personnes qui sont en relations par les moyens du cyberespace »*. L'essor des communautés virtuelles est fondé sur la substitution de l'intérêt commun à la localisation commune et du réseau à l'espace et au temps. Les membres d'une communauté n'ont plus besoin de se voir pour être réunis. Ils n'ont même plus besoin d'être disponibles au même moment. Les communautés virtuelles constituent donc un nouveau moyen de « faire société ».

> **On prévoit un chiffre d'affaires des réseaux sociaux de 2,5 milliards de dollars à l'horizon 2011 contre 350 millions en 2006**
>
> eMarketer - 2007

Groupes de discussion, liste de diffusion, newsgroups Usenet [9], chat rooms, mondes virtuels multi participants, jeux vidéos collectifs en ligne, et maintenant blogs constituent autant de lieux où des internautes qui s'identifient autour de valeurs communes, se retrouvent et tissent des liens intellectuels, affectifs et sociaux. De plus, les communautés virtuelles ne constituent pas de cercles fermés. *« Elles doivent être conçues comme entremêlées et perméables les unes aux autres, plutôt que séparées ou isolant les individus »*.

En théorie, la communauté virtuelle possède une organisation démocratique : ses membres sont égaux et se situent au même niveau.

✓ Une culture de mixage

Le web 2.0 est aussi une culture de l'agrégation, de la combinaison et du copié collé (LE CROSNIER, 2006), incarnée par des applications dites de « mash-up » (addition de carte Google Maps avec des données économiques, des photos, etc.) ou encore les

---

[9] **Usenet** est un système en réseau de forums de discussions, inventé en 1979. Il a rapidement été rendu utilisable via Internet où il reste aujourd'hui en usage. Certains le trouvent moins simple d'emploi que les forums Web (apparus dans les années 1990) mais il a pour principaux avantages de permettre une lecture plus rapide (car moins personnalisée et perturbée visuellement) et de faciliter la réplication des articles sur les serveurs du monde entier. *(Source : Wikipédia)*

pages personnelles des sites de réseaux sociaux. Ainsi les pages personnelles de My Space contiennent du texte, des fichiers audio et vidéo, des photos combinées à des liens vers des membres « amis », ou des commentaires postés par d'autres, etc.

✓ L'essor des communautés virtuelles et des réseaux sociaux

Le web est devenu « inscriptible » selon H. LE CROSNIER (LE CROSNIER, 2006). Le web 2.0 crée un basculement en matière de publication : non seulement il est possible de créer –collectivement ou pas – et de publier du contenu, mais le contenu disponible sur la Toile peut être ensuite annoté, modifié, corrigé… en d'autres termes, le contenu peut être enrichis de métadonnées. Par exemple, citons le système de vote d'Amazon[10], les commentaires des vidéos sur YouTube[11], l'indexation des photos par mots-clés sur Flickr[12].

Cette évolution touche également les liens et les réseaux interpersonnels : ce qui était auparavant intime et éphémère reste désormais gravé sur la Toile, persistant. D'ailleurs, on parle maintenant de « graphes sociaux » pour désigner les réseaux sociaux. La chercheuse Danah BOYD utilise l'expression *« write yourself into being »* traduite en « s'inscrire pour s'incarner » en ligne, ou littéralement « s'écrire à l'intérieur ».

> Désormais internet n'est plus qu'un média de masse comme tous les journaux ou la radiotélévision où un émetteur s'adresse à une multitude de récepteurs passifs, mais des systèmes permettant une participation active des lecteurs, explique Salaün (SALAUN, 2006).
>
> Le Web 2.0 est un Web « augmenté » des interactions sociales, un palimpseste en constante évolution

2.4 Un lieu de tension entre l'individu et la communauté

Les pratiques liées au web 2.0 reposent sur un paradoxe : la création collaborative, le partage et plus largement la communauté sont érigées en modèles, mais dans le même temps, la notion d'individu est constamment réaffirmée (MESGUICH, 2006). En témoigne le développement continuel des interfaces et applications personnalisées ou personnalisables (Netvibes, iGoogle, My Yahoo, etc.) et plus largement, la

---

[10] Amazon.com est une entreprise de commerce électronique américaine www.amazon.com

[11] YouTube (propriété de Google depuis 2006) est un site web d'hébergement de vidéos, sur lequel les utilisateurs peuvent envoyer, visualiser et se partager des séquences vidéo www.youtube.com

[12] Flickr est un site web de partage de photos et de vidéos gratuit, avec certaines fonctionnalités payantes. Le site héberge plus de 3 milliards de photos http://flickr.com/ (Source : Wikipedia)

marchandisation des identités. Ce paradoxe correspond à l'idée à la fois fondatrice du web 2.0 et antithétique que la multiplication des intérêts personnels permet de créer des intérêts collectifs.

2.4.1 Une frontière entre la sphère publique et la sphère privée de plus en plus floue

Prenons l'exemple du célèbre site de partage de photos Flickr, destiné la gestion des albums photos. Le site, créé pour donner les moyens à l'utilisateur de partager ses photos avec un groupe de contacts, est devenu un moyen de gérer ses clichés privés. On trouve ainsi sur le site des tranches de vies qui sont visibles de tous : qui sont à la fois privées et publiques (LE CROSNIER, 2006). Le phénomène se retrouve sur FaceBook : un  utilisateur non initié ne sait pas que par défaut ses photos privées peuvent être vues par les amis de ses amis.

Un autre exemple frappant de cet effacement des limites serait bien sûr celui des blogs, pages personnelles devenues publiques. Un nouveau mot, l' « extime », a même été forgé pour désigner cette forme d'intimité tournée vers l'extérieur.

2.4.2 Des pratiques collaboratives fondées sur une réaffirmation des intérêts personnels

Qu'est-ce qui poussent les contributeurs de Wikipedia à écrire, les internautes à tagger[13] du contenu, ou à mettre leurs vidéos en ligne ? Est-ce la volonté d'œuvrer pour l'intérêt général ou simplement le désir de satisfaire leurs intérêts personnels ?

Dans une étude publiée en 2006 dans le *'Journal of Information'* et intitulée *Usage patterns of collaborative tagging systems*, Scott GOLFRT et Bernando HUBERMANN tentent d'analyser les pratiques individuelles et sociales liées à l'étiquetage collaboratif (ou social bookmarking). C'est le cas, par exemple, des adjectifs qualificatifs ou des tags du type « mystuff » ou « mycomments » qui qualifient le contenu par la relation qu'il a avec son usager. En conclusion, les deux chercheurs révèlent que, dans la majorité des cas, l'étiquetage est fait avec pour perspective une utilisation personnelle et non un bénéfice commun : « *The prévalence of tagging with a large number of tags and according to information intrinsic to the tagger demonstrates that a significant amount of tagging, if not all, is done for personal use rather than public benifit* ». Néanmoins, concluent les deux chercheurs, même les informations taggées en vue d'une utilisation personnelle pourraient avoir un intérêt pour les autres utilisateurs : si un grand nombre d'utilisateurs ont marqué la page X par le tag « drôle », il y a de grandes chances qu'une autre personne trouve la page drôle également.

---

[13] Voir Annexe : Glossaire du « Web 2.0 »

D'ailleurs, les grands acteurs du Web 2.0 essayent de mettre en place un système de labellisation « intelligent », en ajoutant une phase de validation du tag avant son enregistrement. Par exemple, Google Image Labeler est un système visant à attribuer des tags aux images indexées par Google. Le principe est le  suivant[14] : une sorte de jeu est proposé aux internautes qui le souhaitent. Les volontaires s'affrontent un contre un ; Image Labeler leur présente simultanément une série d'images et leur demande d'indiquer autant de mots-clés qu'ils le veulent. A chaque fois que les mots-clés proposés par les participants coïncident, ils gagnent des points.

2.5 La participation, talon d'Achille du Web 2.0 ?

2.5.1 Une participation hétérogène

La participation reste une des limites principales des pratiques liées au Web 2.0 : seule une minorité d'utilisateurs participent activement à la création de contenu, tandis que la majorité ne fait qu'exploiter cette somme d'information produite par d'autres. C'est la fameuse « règle des 1% », adoptée dans plusieurs études sur les usages du web 2.0, qui explique que les 2/3 des contenus publiés proviennent seulement de 1% des utilisateurs actifs (GUILLAUD, 2007).

> *Seulement 0,16 % des visiteurs du site YouTube viennent y partager leurs vidéos.*
>
> *0,2% des visiteurs de FlickR y publient des photos*
>
> *4,6% des visiteurs de Wikipeidia enrichissent l'encyclopédie*
>
> Hitwise - 2006

Dans son article *« Most Web 2.0 Users Are Really Just Couch Potatoes »*, Bruce NUSSBAUM compare même les internautes Web 2.0 aux spectateurs de TV passifs et affalés dans leurs canapés[15].

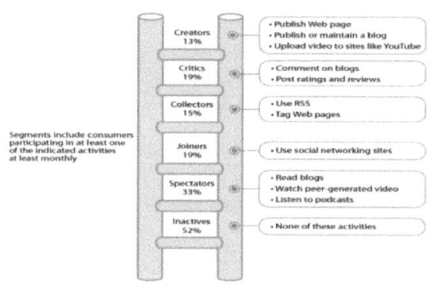

Mais parallèlement, les sites de type Web 2.0 ont vu leur audience grimper de....668%

---

[14] http://www.webrankinfo.com/google/image-labeler.htm

[15] http://www.businessweek.com/innovate/NussbaumOnDesign/archives/2007/04/are_most_web_20.html

en 2 ans, révèle l'étude Hitwise[16]. Cela représente 12% du trafic web aux USA contre 2% il y a seulement 2 ans. Les sites de partage de photos sont parmi les plus populaires : Flickr bien sûr mais aussi PhotoBucket qui représente à lui seul 41% du trafic des sites de photos en ligne.

Le cabinet Forrester a établi une grille méthodologique, « *l'échelle de participation* », qui distingue 6 niveaux d'implication : les inactifs, les spectateurs, les menuisiers, les collecteurs, les critiques et les créateurs. D'après le cabinet, les internautes sont nombreux sur les actions à faible niveau d'exigence (lire, enregistrer un signet, commenter) mais beaucoup moins sur des participations plus actives (écrire, collaborer) (GUILLAUD, 2007).

En définitive, n'est-ce pas après tout le mode de fonctionnement des communautés réelles, comme par exemple les partis politique et les associations ? Ces organisations reposent sur la même structure : un petit nombre de personnes actives (leader, militants actifs) qui effectuent un grand nombre d'actions significatives, suivies d'un ensemble de membres à l'action moindre mais tout de même importante : présence aux meetings, actions de proximité, etc. (BOURDIER, 2007).

2.5.2 Une participation d' « amateurs » ?

Le web 2.0 est une plateforme qui stimule la créativité et la production et elle en permet leur diffusion : « on assiste à une libération de talents qui peuvent enfin se révéler parallèlement à des productions caractérisées par un certain amateurisme et l'absence de véritable ambition créatrice. Car comme sur l'ensemble de l'internet, sur ce Web 2.0, le pire côtoie le meilleur ». (ASSELIN, et al., 2007).

La meilleure illustration de ce phénomène reste l'encyclopédie en ligne *Wikipedia*. Même si l'étude réalisée par le magazine *Nature*[17] révèle que la qualité des articles publiés est presque au niveau de l'*Encyclopaedia Britannica*, certains articles de *Wikipedia* relèvent de la désinformation ou de la propagande :

L'article « *Droits de l'Homme en Iran*[18] » a ainsi été très controversé : en effet, cet article très long de plus de 20 pages se présente davantage comme une apologie du régime iranien qu'une analyse argumentée des droits de l'homme dans ce pays. Or, certainement au nom du principe de neutralité qui régit *Wikipedia*, cet article tendancieux a été classé comme « article de qualité »[19].

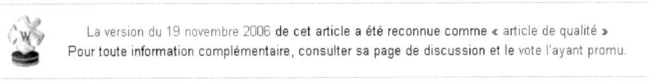

Figure 2 : Label "article de qualité" de l'article "Droit de l'Homme en Iran"

---

[16] http://weblogs.hitwise.com/bill-tancer/

[17] *Nature* est une, sinon la, revue scientifique généraliste de référence publiée de manière hebdomadaire. C'est l'un des journaux scientifiques les plus anciens et les plus réputés au monde *(source : Wikipedia)*

[18] http://fr.wikipedia.org/wiki/Droits_de_l%27homme_en_Iran

[19] http://fr.wikipedia.org/wiki/Wikip%C3%A9dia:Articles_de_qualit%C3%A9

Le cas Seigenthaler[20] : en mai 2005, un contributeur publie anonymement sur Wikipedia un article sur John Seigenthaler Sr., un écrivain célèbre aux USA. Or ce billet mentionne que l'écrivain a été directement impliqué dans les assassinats de John et Bob Kennedy, en précisant toutefois que rien n'a jamais été prouvé. Cette information est tout simplement fausse. Mais l'article n'est découvert (par un ami de John Seigenthaler) et corrigé que 4 mois plus tard, mettant à mal la crédibilité de l'encyclopédie. A la suite de cette affaire largement relayée par les médias américains, le fondateur de *Wikipedia* a rigidifié les règles de publication concernant les tous nouveaux contributeurs.

> Certes, sur les milliers d'articles mis en ligne par Wikipedia, ces dysfonctionnements restent heureusement minoritaires mais ils révèlent tout de même certaines limites du tout collaboratif et la nécessité de règles de publication empruntées aux médias « classiques ».

2.6 Faut-il enterrer le Web 1.0[21] ?

2.6.1 Le mail, activité dominante d'internet

Bien que les possibilités du Web 2.0 soient très puissantes, son utilisation reste encore marginale à l'échelle de tous les internautes. Une étude du *Pew Research Center* montre que :

> Sur une journée type d'un américain, **l'activité dominante reste le mail** :
>
> ✓ **53% des internautes utilisent le mail** et **38% un moteur de recherche**
> ✓ Ils ne sont que **8% à créer des blogs** et **26% à partager des photos et vidéos**
>
> Pew Research Center - 2006

Une enquête en ligne de l'Université d'Oxford réalisée auprès de 1469 personnes (une majorité d'étudiants) fin 2006 détaille les usages du Web 2.0[22]. Elle révèle elle aussi que les applications de ce web nouvelle génération sont encore peu connues et peu

---

[20] http://en.wikipedia.org/wiki/John_Seigenthaler_Sr._Wikipedia_biography_controversy

[21] Voir annexe : Web 1.0 vs Web 2.0

[22] http://tallblog.conted.ox.ac.uk/wp-content/uploads/2007/03/survey-summary.pdf

utilisées : La majorité des répondants n'a jamais employé ou jamais entendu parler des fils RSS ou des applications de *Social Bookmarking* comme *Del.icio.us*.

> Aussi, l'influence grandissante du Web 2.0 ne doit pas masquer les usages "traditionnels" du web qui restent majoritaires.

2.6.2 Une population non représentative

✓ Le public du Web 2.0 est plutôt jeune

L'étude du *Pew Research Center* citée plus haut, révèle que 47% de l'audience de Wikipedia aux USA en aout 2006 ont entre 18-34 ans. Les plus que 45% représenteraient 28%. La part des plus de 45 ans monte à 33% sur le site d'*Encarta*[23].

---

[23] *Encarta* est une encyclopédie numérique (web 1.0) créée par Microsoft

✓ **Les communautés sont isolées et structurées en îles**

L'internaute Web 2.0 aurait tendance à s'enfermer autour de lui et de personnes fédérées en communautés sur les mêmes centres d'intérêts : « *les statistiques sur les liens pointant sur les blogs et sur les liens présents dans les blogs montrent que les blogueurs se lient et se lisent entre beaucoup entre eux* » (ASSELIN, et al., 2007).

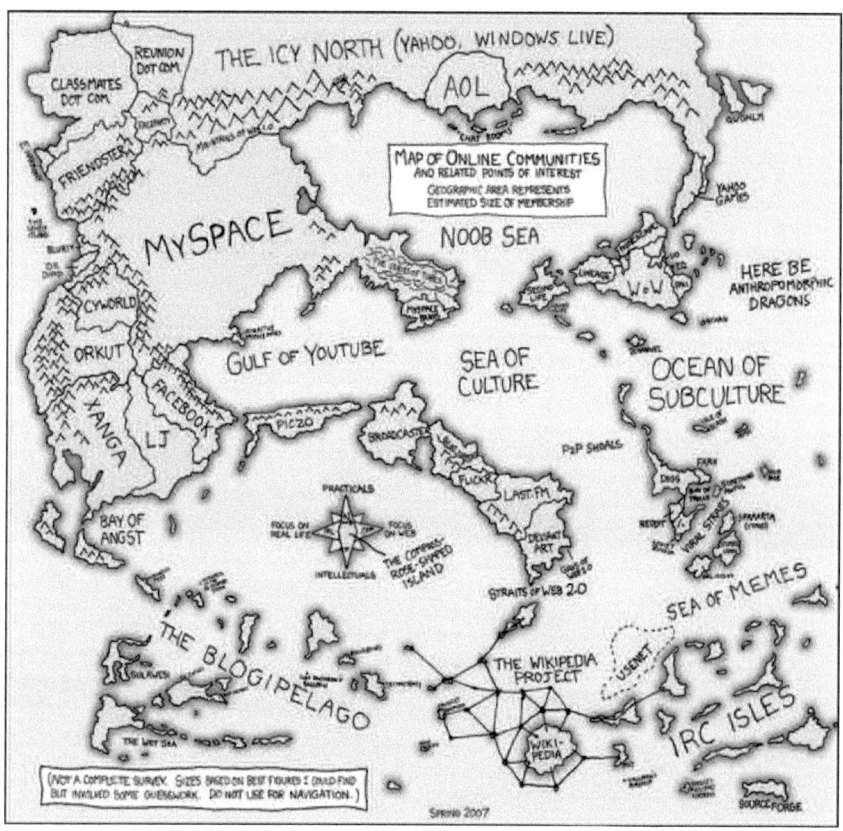

Figure 3 : Cartographie des "communautés virtuelles". Par Randall Munroe. DR

Par ailleurs, contrairement au journal papier, il existe une hyper segmentation des nouvelles rendue possible par les flux RSS [24] qui favorise les microcosmes communautaires. Les différentes communautés, par réflexe et de par la nature des applications Web 2.0 qui se dupliquent mais ne se connectent pas, ont tendance à communiquer entre elles. Ainsi, les liens entre réseaux sociaux sont rares ; les liens

---

[24] Notion expliquée en deuxième partie

entre deux comptes *LinkedIn* et *Viadéo* ou *LinkedIn* et *Facebook* n'existent pas (ASSELIN, et al., 2007).

> L'atomisation des données sur des dizaines d'applications reste également un vrai problème, même si plusieurs initiatives de mise en place de système d'authentification unique et de partage d'attribut sont lancées (l'OpenID par exemple).

✓ *Le manque d'exhaustivité*

Certaines thématiques vont être surreprésentées au détriment d'autres au traitement beaucoup plus confidentiel car boudées par les internautes producteurs volontaires d'information. Les ingénieurs, techniciens et jeunes étant fortement représentés parmi les blogueurs, les thématiques High-tech sont très largement couvertes par les blogs : par exemple, dans le domaine de la RFID[25], on compte plus de 100 blogs, idem pour la VoIP[26]. A l'inverse, si vous travaillez dans le secteur des machines outils ou de la plasturgie, il vous sera difficile de trouver du contenu sur la blogosphère.

Tous les secteurs ne sont donc pas égaux en volume sur le net et davantage encore sur la blogosphère et sur les autres applications collaboratives où tout internaute peut publier son propre contenu et où certaines tranches d'âges et catégories professionnelles ne sont pas bien représentées.

> Le Web 2.0 apporte une richesse essentielle : l'expression d'individus porteurs d'idées et de facultés susceptibles d'apporter des changements, de remettre en question l' « ordre établi », éléments indispensables à l'évolution de la culture à condition de ne pas oublier que des volontés ambitieuses doivent intervenir pour canaliser les initiatives sans les étouffer et leur insuffler une véritable ambition.

---

[25] *Radio Frequency Identification* ou Identification par Radio Fréquence

[26] *Voice over IP* ou Voix sur IP

2.7 Le Web 2.0 est mort, vive le Web 3.0 ?

« Le Saint Graal des promoteurs du Web 3.0 – aussi appelé le web sémantique – consiste en un système capable de donner une réponse raisonnable et complète à une question simple du type : *« Je recherche un endroit chaud pour les vacances. J'ai un budget de 3 000 dollars. Ah, et nous avons un enfant de 11 ans »*. Répondre à une telle question aujourd'hui peut exiger des heures de tri dans des listes distinctes de vols, hôtels et locations de voitures, qui proposent des options souvent contradictoires. Avec le web 3.0, la requête appellerait une réponse cohérente, aussi méticuleusement assemblée que si elle l'avait été par un agent de voyage humain. Comment de tels

> *Le Web 3.0 est synonyme d'activités commerciales, sociales et de divertissement, en tous lieux et à tout moment, à l'aide de réseaux rapides, fiables et sûrs. Il met fin à la distinction entre connexions mobiles et fixes et annonce une multiplication par dix de la portée de l'univers numérique d'ici à 2015.*
>
> **Viviane REDING,**
> Commissaire européenne chargée de la société de l'information et des médias.

systèmes s'établiront-ils, et quand commenceront-ils à fournir des réponses significatives, commence à être le sujet de discussion de nombreux chercheurs et d'experts », explique John MARKOFF pour le *New York Times* (MARKOFF, 2006).

Lors de sa keynote d'introduction de la *« Web 3.0 Conference »*, Amiad SOLOMON[27] explique sa vision du web sémantique et son rapport avec la publicité (EPELBOIN, 2008) :

> **1. Une interconnexion intelligente**
> L'internet deviendra plus 'intelligent' et se transformera en outil susceptible d'exécuter des tâches complexes et d'analyser des comportements sociaux en ligne
>
> **2. Des applications aux contours flou**
> Les théories du Web 3.0 suggèrent que les applications seront bien plus aptes qu'aujourd'hui à fonctionner ensemble, dans la continuité de l'open source (d'un point de vue philosophique), toutes les applications seront capables de communiquer entre elles. Les APIs pourront lire des données depuis n'importe quelle plateforme et offrir un accès centralisé pour toute référence.
>
> **3. Des bases de données distribuées**
> Le web 3.0 aura besoin de place pour stocker une information complexe et très gourmande en mémoire. Il aura besoin d'ontologies pour établir des relations entre des informations en provenance de sources différentes, chercher des millions de connections entre ces informations, et parcourir des milliards de données.

Amiad SOLOMON

---

[27] Amiad SOLOMON est le CEO de Peer39, une société américaine spécialisée en publicité sémantique

La route est encore longue. Les intérêts de beaucoup d'acteurs ne sont pas dans l'ouverture et le web est devenu un environnement particulièrement systémique. La force profonde qui permettra au web sémantique de se développer reste très certainement la démocratisation du web. Cependant, la plupart des articles traitant du sujet, évoque la notion d' *« intelligence artificielle »* et de *« données connectées »*, notions qui seront vraisemblablement fortement présentes dans les applications dites *« Web 3.0 »*. Une chose est sûre, une telle avancée technologique fournira des outils encore plus pertinents et performants pour la recherche d'information en général et pour la veille en particulier.

Pour survivre, il va falloir bien négocier le virage !

3. Le Web 2.0, outil de veille et de recherche d'informations

Pour le veilleur et le chercheur d'information, les applications du Web 2.0 sont riches, tant dans les possibilités offertes par leurs interfaces que dans le contenu diffusé. Mieux connaître ces services permettra de trouver davantage d'information (ou autrement), de gagner du temps, de mieux partager voire d'être plus visible sur le web.

Vous l'aurez compris, le web 2.0 se fonde essentiellement sur la notion de partage, de participation et de collaboration entre les individus. Ce n'est pas forcément toujours facile, possible voire autorisé dans le monde professionnel. Mais partager c'est aussi à terme pouvoir recevoir... (ASSELIN, et al., 2007)

3.1 Partager et collaborer

3.1.1 Les bookmarks sociaux

Les **bookmarks sociaux** (*marque-pages internet* en français) forment l'application la plus caractéristique du Web 2.0 et en sont d'ailleurs précurseurs. Ces services offrent la possibilité, après enregistrement le plus souvent gratuit, de mettre en ligne et de partager tout ou partie de vos favoris et les rendre potentiellement accessibles aux internautes du monde entier (du moins aux utilisateurs du service). Au lancement de ces applications (il y a à peu près 4 ans), elles ne donnaient pas la possibilité de garder ses favoris privés. Mais suite à une forte demande des utilisateurs la plupart des services ont cédés et offrent désormais cette possibilité.

Le service le plus populaire de cette catégorie d'application est bien sûr **Del.icio.us**[28], qui fut créé en 2003 par *Joshua Schachter*, et racheté par Yahoo! deux ans après.

✓ *L'ajout d'adresse*

L'ajout d'adresse s'effectue directement en se connectant sur le site ou, plus pratique, via une barre ou un bouton dédiés intégrés aux navigateurs. Vous également trouvez des icônes sur des pages web à la fin d'articles vous proposant d'ajouter ainsi un contenu au service. Cette dernière méthode est en train de devenir de plus en plus banalisée aussi sur les blogs que sur tout site d'information.

Lorsque vous ajoutez une adresse, vous lui attribuez des **tags**[29] c'est-à-dire un ou plusieurs mots clés de votre choix qui vont caractériser, expliquer, contextualiser, étiqueter le favori et donc l'identifier de manière simple pour vous et tous les visiteurs. C'est une information qui vient s'ajouter à la traditionnelle description du site, C'est donc vous qui choisissez votre propre mode de classement, de hiérarchisation et de labellisation (et non plus un service qui vous propose de ranger vos ressources dans

---

[28] http://delicious.com

[29] Voir « Glossaire du Web 2.0 »

des catégories prédéfinies). Cette possibilité fait partie de ce que l'on appelle la *folksonomie*[30], à savoir une taxonomie (science du classement) "populaire" en quelque sorte.

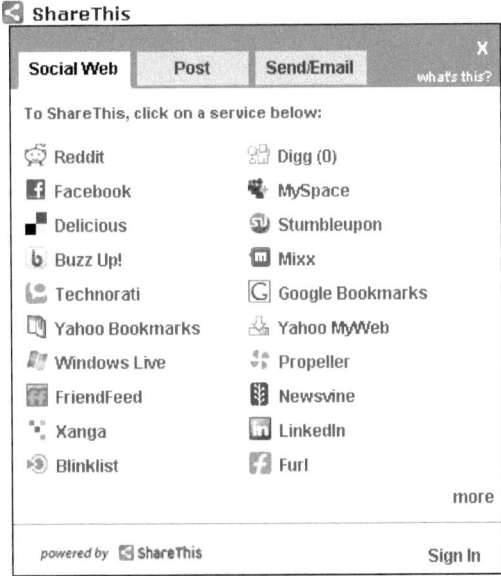

Figure 4 : Exemple d'icônes permettant d'ajouter du contenu aux services de social bookmarking
(source: http://sharethis.com)

Ainsi, par exemple, en ajoutant l'adresse de l'*atelier BNP Paribas* vous pouvez y adjoindre les tags : « nouvelles technologies », « NTIC », « usages », « veille technologique » mais aussi pourquoi pas « excellent », « qualité » pour donner votre opinion sur le site.

✓ *Les tags*

Sur une application de types social bookmarking, il est possible de rechercher aussi bien sur les titres des favoris de tous utilisateurs du service que sur les tags. Ainsi, en cliquant sur le tag « nouvelles technologies », vous obtiendrez toute la liste de tous les favoris que les internautes ont classés sous ce label. C'est l'un des principaux intérêts de ces services : « *la possibilité de rechercher sur le nom d'étiquettes textuelles définies par les internautes eux-mêmes* » (ASSELIN, et al., 2007).

Mais, tous les internautes n'ont pas la même logique de classement et il est fort possible de passer à coté de favoris intéressants mais étiquetés selon un mot auquel vous

---

[30] Voir « Glossaire du Web 2.0 »

n'auriez jamais pensé. De plus, un même mot peut avoir plusieurs sens ou peut être employé différemment selon les utilisateurs. Certains services essayent de trouver des solutions à ce genre de problèmes : par exemple Del.icio.us permet désormais d'ajouter des commentaires à chaque tags, ou Google qui met en place un système d'étiquetage intelligent (cf. §3.4.2 et l'exemple de **Google Image Labeler**).

Les tags peuvent également s'appliquer à des photos (**Flickr**), à des projets (**43Things**), à des vidéos (**YouTube**, **Dailymotion**), à des présentations (**SlideShare**), à des livres (**Scribd**), etc. Les tags peuvent aussi servir d'étiqueter et de catégoriser les billets d'un blog.

✓ **Les communautés**

L'autre atout des bookmarks sociaux : pouvoir **constituer et se connecter avec une communauté de spécialistes**. Par spécialiste, on désignera simplement un internaute qui centre ses recherches sur les mêmes sujets que vous, qu'il soit amateur ou professionnel.

Exemple : Essayons de trouver des internautes intéressés par les « nouvelles technologies ». En entrant la requête « nouvelles technologies» sur Del.icio.us, vous obtenez une liste de plusieurs milliers de favoris. Pour chacun d'entre eux est indiqué le nombre d'utilisateurs ayant sauvegardés cette adresse. C'est en sélectionnant l'un de ces utilisateurs, vous pouvez découvrir comme vous un utilisateur qui ajoute régulièrement des sites dédiés aux « nouvelles technologies ». Le service vous permet de suivre cet utilisateur et d'être notifié lors de chaque ajout de favoris par cet utilisateur.

La valeur des outils de social bookmarking est d'autant plus probante lorsqu'ils sont dédiés à des communautés de pratiques ou à des secteurs d'activités bien précis. Plusieurs intiatives existent d'ores et déjà : citons par exemple **Siniptron**[31], dédié aux chercheurs, étudiants et professionnels. Ici, vos bookmarks font partie d'un projet qui s'écoule dans le temps, concernant une recherche ou une tâche précise.

L'intérêt des bookmarks sociaux est donc d'abord dans l'utilisation de la "communauté" afin de trouver des sources pertinentes. Ce type d'outil révèle toute sa puissance lorsqu'un utilisateur proche de vous en termes de domaines de veille a été identifié. Vous pouvez donc alors l'utiliser comme "collaborateur virtuel" mais aussi rechercher parmi les sources jugées pertinentes par un groupe d'utilisateurs, identifier des leaders de veille ou juger de la popularité d'une source (combien de fois a-t-elle été mise en favoris ? Ce nombre de sauvegardes n'étant qu'un indicateur parmi d'autres). Si vous ne partagez pas, ces outils restent toutefois un très bon moyen de mémoriser et catégoriser vos favoris en un point unique d'accès.

---

[31] http://www.snipitron.com/

✓ *Quel service pour quelle veille ?*

Pour choisir précisément votre service de bookmarks sociaux, vous pouvez vous aider de ces ressources :

- Le site ***Irox***[32] propose un tableau comparatif de près de 20 services

- Le blog de ***Robin Good***[33] offre une sélection intéressante de bookmarks sociaux

- la page **Free Bookmark Managers** [34]affiche une liste d'une quarantaine de logiciels et utilitaires dédiés au partage et à la gestion de vos favoris (bookmarks) en ligne via accès distant, en local ou sur serveur. Attention, tous ne sont pas sociaux, c'est-à-dire basés sur le partage.

3.1.2 Le multimédia : photos et vidéos

Le partage de vos ressources ne se limite pas au texte et adresse de sites. Il est également possible de partager vos photos et vidéos.

✓ **Les images**

Comme sur les bookmarks sociaux, la recherche à travers des millions de photos (voir des milliards de photos pour *Flickr*) mises en ligne par des utilisateurs peut s'effectuer sur le titre ou la description mais aussi sur les tags : chaque internaute qui partage ses photos leur attribue des mots clés pour les définir, les expliquer, les contextualiser voire donner son opinion.

Avec *Flickr*, il est possible de rechercher sur les photos, les utilisateurs mais aussi sur les groupes. En effet, la notion de communauté est également importante. Les "groupes" rassemblent les utilisateurs qui partagent les mêmes centres d'intérêt photographiques. Des forums de discussions sont intégrés à ces groupes, permettant d'entrer en contact direct avec certains membres.

Que peut trouver le veilleur sur un service de photos tel que Flickr ?

Finalement, la même chose que sur les bookmarks sociaux : tout ce que les membres ont voulu partager : des photos du dernier salon de l'automobile de Paris[35] ou du salon « Consumer Electronics Show 2008 » à Las Vegas. La veille concurrentielle ou la veille image sur votre propre société est également intéressante : Ainsi, une recherche (full text) sur la société pétrolière Exxon affiche plus de 1400 photos relatives aux stations

---

[32] http://www.irox.de/file_download/3

[33] http://www.masternewmedia.org/news/2006/12/01/social_bookmarking_services_and_tools.htm

[34] http://www.feedbus.com/bookmarks/

[35] http://www.flickr.com/search/?s=rec&z=t&w=all&q=Salon+automobile+2008+Paris&m=text

services, aux puits de pétrole, aux raffineries, aux employés, aux manifestions de contestataires ou aux publicités détournées.

Comme avec le social bookmarking, vous pouvez vous attacher à "suivre" les membres qui partagent les mêmes centres d'intérêt que vous ou votre organisation : après sélection de la page de l'utilisateur, la mise en surveillance de son flux RSS permet d'être averti dès que cette personne ajoute de nouvelles photos.

✓ Les vidéos

Via les services *YouTube* ou *DailyMotion*, le partage de vidéos en ligne est plus médiatisé que les services de photos. Notamment parce que le leader *Google* a racheté *YouTube* en octobre 2006 générant un buzz sans précèdent au sein des blogs et de la presse "traditionnelle" (Mainstream medias).

YouTube[36] et ses concurrents Web 2.0 fonctionnent à peu près de manière équivalente à *Flickr* sans en atteindre toutefois sa clarté ergonomique.

Tout ces sites de vidéos vont permettre d'"uploader" (charger vers le site) et partager vos vidéos (converties automatiquement au format FlashVideo), et aussi bien sûr de rechercher parmi les vidéos des autres utilisateurs.

Sur ces applications, on retrouve de nombreuses caractéristiques du Web 2.0 : les vidéos, classées par catégories, sont accompagnées de tags qui aident à les contextualiser et les décrire, en plus du titre et de la description renseignés par l'utilisateur. Un fils RSS permet de surveiller l'ajout de vidéos dans une catégorie ou par un utilisateur défini. A l'instar des billets d'un blog, les internautes peuvent commenter les vidéos. De plus, les vidéos sont notées, ce qui impacte ensuite leur place dans le classement et donc leur visibilité.

Ces services contiennent des favoris intégrés où l'on peut sauvegarder ses vidéos préférées. Il est possible de partager sa vidéo par mail ou messagerie instantanée, de la poster sur son blog. D'ailleurs, de nombreux blogueurs utilisent les services de type *YouTube* (ou *Flickr* pour la photo) pour stocker leurs fichiers multimédias, trop volumineux pour les hébergeurs de blogs. La notion de groupe, comme sur *Flickr* est présente : des communautés rassemblent des utilisateurs autour de grandes thématiques liées par exemple à la politique, aux sports et aux voyages.

YouTube a de nombreux concurrents, aux fonctions très proches. Impossible de tous les mentionner. Mais on peut retenir cependant le français *DailyMotion*[37], très populaire, d'ailleurs né quelques semaines avant *YouTube*. Citons également *Yahoo! Videos*, *AOL Videos*, *Revver*, *Metacafe*, *MSN Video* (de Microsoft), *Vuze*, *Wideo*, *MySpace*, *Vimeo*[38], *etc*. Certains de ces services proposent du contenu amateur ainsi que des films

---

[36] http://www.youtube.com

[37] http://www.dailymotion.fr

[38] http://fr.video.yahoo.com, http://video.aol.com, http://revver.com, http://www.metacafe.com, http://video.msn.com, http://www.vuze.com, http://www.myspace.com, http://www.vimeo.com

professionnels, issus des networks de TV et de cinéma. Mais les plus petits services se cantonnent aux vidéos envoyées par l'internaute, que celles-ci aient d'ailleurs été copiées ou non.

Quel contenu à usage "professionnel" le veilleur peut espérer trouver sur ces plateformes ?

Essentiellement des vidéos consacrées à des sociétés et individus. Ainsi, si je réitère ma recherche sur la société pétrolière Exxon, j'obtiens des vidéos sur des manifestations, des marées noires, le réchauffement climatique, des actualités boursières, des retransmissions de procès, des détournements de publicité....La recherche de vidéos s'avérera particulièrement utile pour une veille image, produits ou concurrentielle. Le contenu de vidéos est également souvent très politique : à partir de la campagne des élections présidentielles françaises de 2007, la diffusion de vidéos sur les hommes et femmes politiques est devenue une véritable arme. Autre aspect intéressant, la possibilité de découvrir de nombreux extraits de vidéos de documentaires, sur des sujets extrêmement variés : écologie, industrie, société, consommation...

Le contenu de ces services de vidéos est donc, à l'image du net, hétérogène mais potentiellement riche.

3.1.3 Le partage de CV

Terminé le temps où seules les personnes à qui vous transmettiez votre CV ou votre carte de visite pouvaient prendre connaissance de votre identité et de votre parcours professionnel. Via les plateformes de réseaux sociaux, le push fait place au pull, de plus dans une optique de cooptation et de recommandation : il y est possible de mettre son CV en ligne sous format hypertexte et de demander à rentrer en relation avec des proches de votre réseau immédiat. Les plateformes de réseaux sociaux sont nombreuses : certaines sont à vocation généraliste, d'autres uniquement dédiées aux actifs, d'autres encore réservées à une communauté (étudiants, lycéens, anciens élèves, passionnés de voyages).

> *LinkedIn* revendique 31 millions de membres dans plus de 120 pays.
>
> *Viadeo* existe en 8 langues avec une présence dans 7 pays et revendique 6 millions de membres.
>
> *Xing* quant à lui revendique 6,5 millions de membres
>
> Source : Wikipedia

Ces applications représentent un marché conséquent puisque pour les seuls USA, on prévoit un chiffre d'affaires des réseaux sociaux de 2,5 milliards de dollars à l'horizon 2011 contre 350 millions en 2006[39]. La France est dominée par la plateforme *Viadeo* (ex-Viaduc). Dans les autres pays, c'est *LinkedIn* qui domine généralement (ASSELIN, et al., 2007).

---

[39] http://www.emarketer.com/Article.aspx?id=1004918

✓ **Les fonctionnalités**

Que trouve-t-on sur ces sites ? Notamment des profils de personnes en activité ou en recherche d'emploi ainsi que des "hubs" regroupant des utilisateurs autour d'un même centre d'intérêt, toujours la notion de communautés de pratiques propre au Web 2.0. Sur ces services, tout est pensé pour créer du lien social. Le profil individuel se constitue d'un CV enrichi de nombreux liens vers ses employeurs, ses amis, ses réseaux professionnels et associatifs, ses travaux et publications. Les hubs regroupent les personnes autour de secteurs, métiers, associations d'anciens élèves, pays, régions. Par exemple, sur   , s'affichent les hubs "Analyse, Veille Stratégique & Concurrentielle", "Intelligence Eco", "Blogs & Bloggers", "Editeurs de Logiciels", "Profession: documentaliste and co" mais aussi "Grande distribution", "Océanie", ou "Normes, méthodes et outils". Dans ces hubs, des forums organisent les discussions des membres autour de thématiques définies. Un moteur de recherche permet de trouver des profils selon un secteur, une fonction, une région.

Figure 5 : Mon profil sur Viadeo

Une fois un profil identifié, il faut demander à entrer en relation avec lui. Cela sera d'autant plus facile et rapide s'il est peu éloigné de votre propre réseau de contacts (ASSELIN, et al., 2007).

✓ *La veille*

L'intérêt pour le professionnel de l'information est double : il peut augmenter sa visibilité et celle de certains de ses projets, services, publications, thèses ou articles. D'autre part, il peut rechercher des données sur des personnes et entreprises ou identifier un "expert". Comme sur d'autres services Web 2.0, il est facile de se constituer une communauté d'utilisateurs partageant ses centres d'intérêt, que l'on visitera régulièrement. Ainsi, sur *Viadeo*, une recherche sur le secteur Agro-alimentaire avec le mot clé veilleur[40] affiche plus de 50 résultats avec les fonctions, entreprises et synthèses de parcours des membres. Vous pouvez alors entrer en relation avec ces personnes ou tout simplement collecter des données sur celles-ci et leurs réseaux. Ces sites sont d'ailleurs devenus un outil essentiel pour certaines fonctions : commerciaux pour la prospection, recruteurs, journalistes et…responsables de casting pour émissions TV (ASSELIN, et al., 2007).

✓ *Les autres réseaux*

Parmi les autres services de réseaux sociaux, outre *LinkedIn* davantage tourné à l'international, il existe, assez utilisés en France, *6nergies.net* et *Xing* (ex *Open BC*)[41]. Les réseaux ciblant plus particulièrement les jeunes (FaceBook, MySpace) peuvent également être utilisés. MySpace fédère plus particulièrement des professions de la communication, de la publicité et des métiers multimédias.

Le réseau FaceBook est original : ce site nord-américain est précurseur d'un social networking très segmenté, réservé aux étudiants et aux lycéens. Au départ, les membres devaient s'inscrire obligatoirement via l'email de leur université, afin de garantir l'authenticité des profils et donc le sérieux de la communauté. Depuis,

FaceBook s'est ouvert aussi aux entreprises. Ainsi, ce site capte très tôt les futurs actifs et les fidélise.

3.1.4 **Les sites d'actualités collaboratives : recommandation et notation**

✓ *Les « Digg Like »*

Ces services, qui s'inspirent tous du précurseur *Digg*[42], recueillent des actualités proposées par les internautes.

Digg est un site Internet communautaire qui a pour but de faire voter les utilisateurs pour une page web intéressante et proposée par un utilisateur. Typique du phénomène « Web 2.0 », il combine interface épurée, possibilité de laisser des commentaires, fils RSS pour surveiller les nouvelles actualités, classement des articles les plus lus, les mieux notés, possibilité d'envoyer par mail ou de bloguer un article et bien sûr, forte

---

[40] Certaines fonctionnalités sont payantes dans *Viadeo*

[41] http://www.xing.com

[42] http://www.digg.com

contribution de l'internaute. Il dispose de plusieurs catégories, telles Politique, Divertissement, Vidéos et Technologie.

Les nouveaux articles et les sites web soumis par les utilisateurs sont notés par d'autres utilisateurs. Si une proposition remporte le succès nécessaire, elle est affichée sur la page d'accueil (Source : Wikipedia)

L'intérêt est de pouvoir positionner certaines informations les unes par rapport aux autres et connaître la popularité d'une actualité ou d'un sujet (entreprise, personne) abordé (*la critique de mon produit est-elle très « populaire » ?*). C'est une approche alternative aux agrégateurs de news de type *Google Actualités* ou *Yahoo! Actualités* qui hiérarchisent les news avec de puissants algorithmes, mais sans recourir à l'humain. Ainsi, Google Actualités précise : « *La sélection et le positionnement des articles de cette page ont été réalisés automatiquement par un programme informatique* ».

Digg est l'un des sites les plus copiés du « Web 2.0 ». S'il reste la référence, d'autres applications, très largement inspirées, tirent leur épingle du jeu. En France, *Scoopeo*, *Fuzz* et *TapeMoi* offrent eux aussi des services d'actualités collaboratives. On peut également citer le canadien *Nuouz*[43], le réseau de sites *BlogMemes*[44]. Même *Netscap*[45]*e*, pionnier du navigateur web, a lancé un portail s'inspirant du système de notation de *Digg*[46].

✓ **Les mix actualités / contributions des internautes**

Wikio est un service d'origine française (créé par le fondateur de Kelkoo), à l'intersection de *Google Actualités* et de *Digg*. En effet, *Wikio* mixe les articles issus de sites d'actualités, de blogs avec des contributions des internautes. On peut prendre connaissance des informations de différentes manières :

- En naviguant : via les thématiques (France, International, Politique, Economie Finance, Santé, Science ...) ou via le nuage de tags dynamiques qui se modifient en fonction de la rubrique ou vous vous situez.

- En recherchant via le moteur

---

[43] http://www.nuouz.com/

[44] http://blogmemes.com

[45] *Netscape Communications*, communément nommée *Netscape*, est une entreprise d'informatique américaine qui a été pionnière du World Wide Web avec son navigateur web Netscape Navigator. L'entreprise a existé uniquement de 1994 à 2003, et en tant que filiale d'AOL sur la fin.

[46] http://www.aol.fr/?src=netscape.aol.com

- En s'abonnant aux flux RSS : à chaque catégorie et à chaque tag correspond son flux RSS. De même, lorsque vous lancez une requête via le moteur, vous pourrez surveiller ces résultats via un flux RSS.

3.2 Rechercher et collecter

Dorénavant, tout internaute peut créer et publier sa propre information. L'identification des sources d'information et de l'information elle-même est devenue complexe car elles sont de plus en plus morcelées et atomisées. Il convient d'utiliser une large palette d'outils de recherche pour collecter les données en provenance des blogs, des bookmarks et réseaux sociaux.

3.2.1 Les sites d'actualités collaboratives : recommandation et notation

Le volume de blogs est en constante croissance sur le net. Le nombre de blogs a littéralement explosé sur toute la planète. Estimé à 70 millions à l'été 2005, ils sont évalués à plus de 120 millions en mars 2007. *Technorati*, l'un des moteurs de recherche de blogs les plus utilisés, mesure en 2007 un doublement du nombre de blogs tous les 320 jours. 120 000 blogs seraient ainsi créés chaque jour[47].

---

[47] http://www.sifry.com/alerts/archives/000493.html

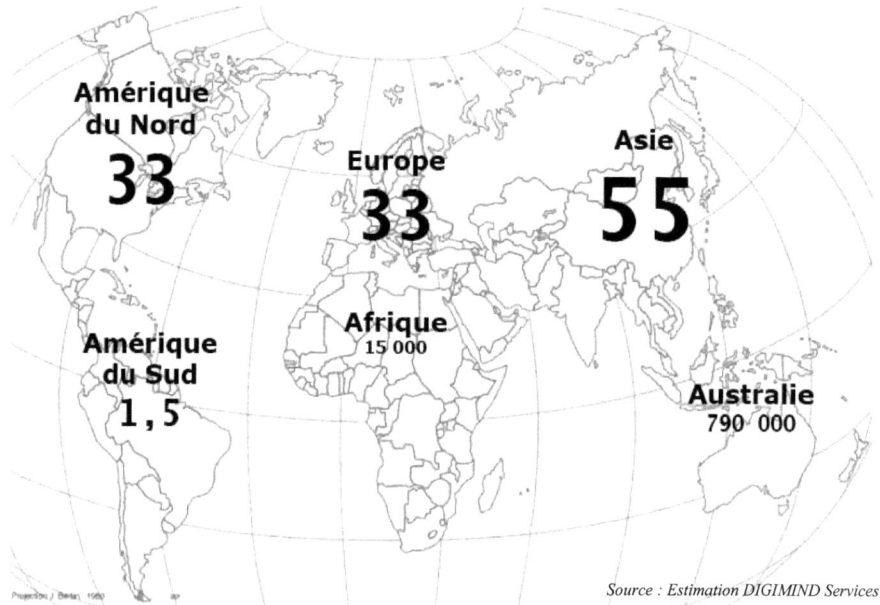

Figure 6 : Nombre de blogs en milliers et millions (Estimation DIGIMIND Services)

✓ *Les flux RSS[48] omniprésents*

A chaque blog correspond son flux RSS, ce format qui permet d'extraire et de surveiller tout nouveau contenu qui parait sur le blog. On peut aussi trouver des flux RSS sur :
- les blogs
- les sites de presses et d'actualités. Exemples sur : *Les Echos, Libération, Le Figaro*[49], etc.
- les sites de revues et magazines spécialisés. Exemple : *Nature, Science Et Vie*[50], etc.
- les sites corporates des entreprises : pages d'actualités, études de cas, success stories, etc. (Exemple : Capgemini et tous ses concurrents)
- les résultats des moteurs de recherche de blogs. Désormais tous proposent des flux RSS permettant de surveiller les résultats d'une requête (*Technorati, Google Blog Search, Feedster*, etc.)
- les pages de résultats de moteur de recherche web. Comme pour la recherche des blogs, certains sites génèrent un flux RSS permettant de surveiller les résultats d'une requête. *Live Search*[51] (anciennement *MSN Search*) le proposait depuis janvier 2005. Depuis peu, *Yahoo! Search Web* et *Google* offrent des fils RSS pour les résultats des recherches.

---

[48] Voir Annexe : « les flux RSS et Atom »

[49] http://syndication.lesechos.fr/rss, http://www.liberation.fr/rss, http://www.lefigaro.fr/rss

[50] http://www.nature.com/webfeeds/index.html, http://mondedurable.science-et-vie.com/feed/

[51] http://www.live.com

- les moteurs d'actualités. Exemple : *Google Actualités, Yahoo! Actualités, Wikio,* etc.
- les Newsgroups Usenet[52]. Les fils RSS sont aussi présents *Google Groups*, ce qui rend la surveillance des discussions plus aisées.
- la plupart des forums web
- certaines listes de diffusions
- les bookmarks sociaux. Le fils RSS permet d'être alerté de l'ajout de nouveaux favoris pour un tag ou un utilisateur défini.
- la plupart des plateformes de partage de vidéos, de photos, de documents, de présentations, etc.
- en général, de très nombreux sites offrant un contenu qui se renouvelle : associations, startup, universités, etc.

> Le veilleur, via une multitude de flux RSS, pourra surveiller de nombreuses sources d'informations de sources très hétérogènes.

✓ **Les outils pour trouver des blogs et flux RSS**

Les moteurs :

Certains moteurs sont dédiés à la recherche de blogs. C'est en fait un abus de langage. Ces moteurs se focalisent sur la recherche de flux RSS mais ne peuvent faire la différence entre un flux provenant d'un grand journal et celui d'un blog. Ainsi, le moteur *Technorati* classe parmi les blogs les plus populaires…*Le Figaro*.

Pour mener une recherche efficace, il conviendra d'utiliser plusieurs moteurs. Car comme pour la recherche web où il ne faut pas se limiter à Google au risque de manquer près de 72,7%[53] des résultats (69,2% avec *Yahoo!* et 69,9% avec *Live Search*, la recherche sur les blogs nécessite l'emploi de plusieurs outils. En voici quelques-uns :

- **Google Blog Search**[54] (*Recherche de Blogs*) : *Google* applique sa puissante technologie à la recherche des blogs et des flux RSS. L'interface est disponible aussi bien en français qu'en anglais. Ce moteur est doté de multiples fonctions de recherches avancées. L'indexation des blogs remonte au mois de juin 2005.
- **Ask Blog & Flux**[55] : Ce moteur permet de rechercher parmi les blogs, les flux XML (RSS ou Atom). Et aussi de s'abonner à un blog ou un flux RSS.

---

[52] cf. la reference n°8

[53] *"Different Engines, Different Results: A Research Study"* by Dogpile.com
http://www.infospaceinc.com/onlineprod/Overlap-DifferentEnginesDifferentResults.pdf

[54] http://blogsearch.google.com/

[55] http://fr.ask.com/

- **BlogPulse**[56] : Indexe plus de 46 millions de blogs.
- **Technorati** : Ce moteur rafraîchit son index toutes les 5 à 15 minutes et recherche parmi plus de 70 millions de blogs (en avril 2007[57]) ou sites proposant des flux RSS. Il est possible de rechercher par mots clés ou par tags.

2 moteurs de recherches intègrent la recherche sur des blogs au sein de leur recherche avancée :

- **Yahoo! Search** : Pour centrer sa recherche sur les flux RSS et les blogs, il convient d'aller dans la recherche avancée (à droite de la boite de requête) puis dans le menu déroulant "Format de fichiers", et de sélectionner le format RSS/XML.
- **Exalead**[58] : Après avoir effectué votre recherche, il suffit de cliquer sur le bouton Blog dans la rubrique « Type de site » dans la fenêtre « Préciser la recherche ».

Les répertoires :

Comme pour le web, un certain nombre d'annuaires entendent recenser les blogs et fils RSS. Attention, comme la blogosphère est très mouvante et en constante croissance, ces guides sont par nature non exhaustifs et leur mise à jour régulière est difficile :

- **Blogarama**[59] : Ce répertoire recense plus de 109 033 blogs classés par catégories
- **RSS Network**[60] : indexe plus de 150 000 fils RSS
- **RSSFeeds**[61] : Répertorie plus de 93 202 fils organisés en catégories.

3.2.2 La recherche par tag

Nous l'avons vu, avec la *Folksonomie*, l'internaute peut désormais mettre en place et partager sa propre classification via les tags. L'utilisateur affecte l'étiquette de son choix à ses favoris, images, vidéos. L'avantage est indéniable : c'est l'internaute qui définit son étiquette et non plus un organisme. Mais les inconvénients sont nombreux : difficile gestion des singuliers/pluriels, problème de synonymes, de signification (que désigne cet internaute par ce tag), d'homonymes, de polysémie, d'hétérogénéité : plusieurs tags peuvent désigner les mêmes documents.

Toutefois, l'approche par tag facilite la recherche, d'une part en ajoutant une couche sémantique aux documents web et d'autre part, en permettant une navigation par

---

[56] http://www.blogpulse.com
[57] http://www.sifry.com/alerts/archives/000493.html
[58] http://www.exalead.fr/search
[59] http://www.blogarama.com
[60] http://www.rss-network.com/
[61] http://www.rssfeeds.com/

concepts, de plus en plus abandonnée compte tenu de la désertion progressive des catégories des grands répertoires web par les internautes.

De plus, on peut tagger pratiquement tout type de contenu web. Ainsi, le site *43 Things*[62] propose aux internautes de lister leurs objectifs, expériences ou projets. Chacun de ces projets est taggé via un ou plusieurs mots clés.

3.2.3 Les moteurs de recherche collaboratifs

Nous l'avons vu, certains services d'actualités collaboratives proposent des résultats issus d'un mixage entre contribution des internautes et collecte de nouvelles sur le web. Cette approche de mixité se met peu à peu en place pour les moteurs de recherche web. En effet, les modèles algorithmiques ou humains présentent tout deux leurs limites en terme de pertinence, de fiabilité et d'exhaustivité.

Aussi, de plus en plus de projet de moteur mixtes, à savoir proposant des résultats web conjointement à des résultats et/ou sélections issus d'humains voient le jour. Du web donc, mais avec une forte dose de cerveaux humains.

✓ *Wikiasari*

Celui qui fait le plus parler de lui est le projet de *Jimmy Wales*, le co-fondateur de l'encyclopédie *Wikipedia*. Baptisé *Wikiasari*[63] (combinaison de *wiki*, "rapide" en hawaïen et *asari*, "recherche fouillée" en japonais), le projet vise à créer un outil de recherche où les internautes pourront influer sur les résultats en notant leur pertinence et/ou en en proposant de nouveaux, selon leur expertise.

Ce type de moteur s'inscrit donc à l'opposé d'outils comme *Google* aux algorithmes automatiques, dont les robots sont souvent trompés par des manipulations de webmasters (spamdexing[64] par exemple).

C'est un projet particulièrement intéressant : Comme sur l'encyclopédie ouverte Wikipedia où des milliers de contributeurs construisent et alimentent l'ouvrage, sur ce moteur, des réseaux de centaines d'internautes pourront apporter leur savoir pour améliorer la pertinence des résultats. Ce n'est plus seulement la puissance de calcul de machines qui sera mise à contribution mais aussi la puissance de la communauté.

Derrière le projet *Wikiasari*, il y a de gros moyens, financiers et humains, l'expérience de la fondation *Wikipedia* et le potentiel de trafic que pourra apporter l'encyclopédie ouverte : Fin 2006, *Comscore* a en effet classé *Wikipedia* comme le sixième site le plus

---

[62] http://www.43things.com/

[63] http://re.search.wikia.com/index.html

[64] C'est un ensemble de techniques consistant à tromper les moteurs de recherche sur la qualité d'une page ou d'un site afin d'obtenir, pour un mot-clef donné, un bon classement dans les résultats des moteurs (Source : Wikipedia)

visité au monde avec 171,9 millions de visiteurs uniques au mois de novembre. On peut donc y croire.

✓ Humains ou algorithmes ?

Certes, le mode collaboratif ne remplacera pas totalement la recherche algorithmique. Les deux sont complémentaires. L'une permet d'améliorer la pertinence, de prendre en compte des concepts, des contextes, du sens et non plus simplement des chaînes de caractères. L'autre vise l'exhaustivité en indexant des milliards de pages Web. Aujourd'hui, et en attendant le Web sémantique ainsi que la recherche dite "naturelle" 102, toutes deux grandes quêtes du monde de l'internet, seul l'apport de communautés d'humains permet d'injecter un peu de sens à une recherche. Mais de son côté, la recherche coopérative comporte bien entendu des risques de subjectivité (ASSELIN, et al., 2007).

3.2.4 La verticalisation

Les outils de recherche verticaux sont des moteurs de recherche spécialisés dans un secteur d'activité, une fonction, un type d'information ou de médias.

Face aux problèmes de pertinence des moteurs généralistes, de plus en plus de moteurs verticaux voient le jour. Ainsi, le seul domaine médical a vu apparaître ces 20 derniers mois les moteurs *SearchMedica*, *Medstory*, *MedWorm* ou encore *Medgle*.

3.3 Surveiller

Nous l'avons vu dans la partie « Rechercher et collecter », les flux RSS sont présents sur de nombreux formats du net et vont permettre de surveiller les nouveautés apparaissant sur les blogs, les sites corporate, les sites de presse, dans les résultats de moteurs de recherche d'actualités, de blogs, web, dans les newsgroups[65], sur certains forums web, sur certaines listes de diffusion, les bookmarks sociaux, les sites de partage de photos et de vidéos,....bref sur de très nombreux sites classiques et ressources collaboratives de type 2.0.

Ces flux RSS peuvent être intégrés à votre processus de veille en deux clics, via des outils simples gratuits, ou payants mais plus puissants.

3.3.1 La détection du flux RSS

Avant de mettre de sous surveillance un flux RSS, il faut le trouver. Généralement, les flux RSS sont signalés par des icônes spécifiques (voir ci-dessous).

---

[65] cf. référence n°8

Les navigateurs courants permettent de détecter directement les flux RSS lorsqu'ils sont présents sur une page web.

3.3.2 La mise en surveillance

Quelque soit l'aspect de la page qui contient votre flux RSS (.xml, .rdf, interface Feedburner), il convient de copier et coller l'adresse (url) dans l'outil qui va vous servir à lire ce flux et à être alerté dès lors qu'une nouveauté apparaît.

3 types d'outils peuvent être utilisés :
- **Les clients lourds :** des applications à télécharger et installer sur votre PC. Les solutions de veille professionnelles intègrent de telles applications.
- **Les navigateurs Web** : Les navigateurs les plus courants (FireFox, Internet Explorer, Safari, etc.) outre la détection du flux RSS, permettent de s'y abonner et de les lire. Les flux s'intègrent alors dans un menu latéral ou dans la page principale. C'est simple mais dépourvu de fonctions avancées de tri ou d'organisation.
- **Les agrégateurs en ligne** : ce sont des lecteurs de flux RSS disponibles sur internet gratuitement donc indépendant d'un ordinateur (*Google Reader*, *BlogLines*, etc.). Certains de ces agrégateurs peuvent prendre la forme de page web personnalisables généralement organisées en onglets et boîtes, permettant d'organiser et de ranger ses flux par catégories, et ce, dans un même espace (*Netvibes*, *iGoogle*, etc.).
- **Les plugins :** ce sont des applications qui viennent se greffer à d'autres applications déjà installées. Il existe par exemple des lecteurs de flux RSS pour *Microsoft Outlook*, et pour *FireFox* sous forme de plugin.

Les lecteurs RSS sont très nombreux. Pour mieux les distinguer, j'ai réalisé un benchmark des agrégateurs références du marché dans le cadre de mon contrat d'étude. Ce benchmark est disponible en annexe.

3.3.3 Pourquoi une veille via le RSS ?

Faire une veille via les fils RSS présente des intérêts notables :
- **L'hyper-segmentation :** le choix des fils RSS rend possible une sélection fine de l'information. Ainsi, sur le site du Figaro, on peut choisir l'actualité internationale, nationale, les sciences et médecine, évitant ainsi d'être submergé par l'information superflue. Sur La Tribune, on peut sélectionner un flux par société. Certains blogs proposent même des flux RSS permettant aux choix de surveiller les commentaires ou uniquement les billets.

- **Un gain de temps :** inutile de se connecter au site, au blog ou au moteur de recherche pour visualiser ses nouveautés.
- **L'anonymat :** l'abonnement à un flux RSS, contrairement à une newsletter ou à une liste de diffusion, est anonyme.
- **La consultation aisée :** vos fils RSS, via une lecture sur un agrégateur en ligne sont accessibles de n'importe quel PC connecté à l'internet, où que vous soyez.

3.4 Carte des outils et ressources Web 2.0

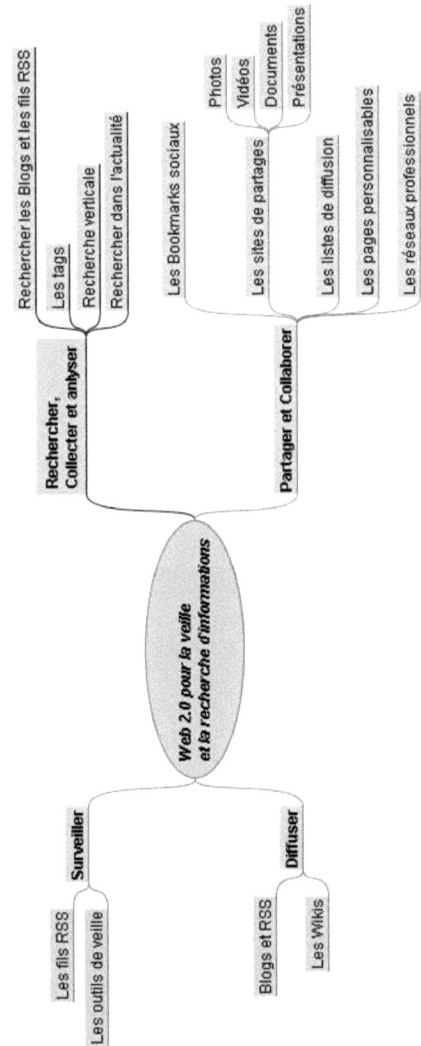

Figure 7 : Carte des ressources du Web 2.0 (créée avec le logiciel *Freemind*)

4. Mise en place d'une cellule de veille 2.0

La mondialisation a, au moins en partie, aboli les barrières entre les états et mis un terme aux logiques excessives de protectionnisme économique direct (barrières douanières) ou indirect (normes locales, autorisation de mise sur le marché). Il n'en demeure pas moins que si elle offre de nombreuses opportunités de développement, elle est aussi l'une des sources principales de danger économique.

Si l'on conjugue cette complexité du marché, sortant des cadres nationaux connus et acquis, avec le raccourcissement des cycles de vie des produits, l'accélération des innovations incrémentales ou de rupture et avec des frontières technologiques de plus en plus ténues, on comprend que la surveillance de son environnement est, plus que jamais, un facteur clé de succès pour toute entreprise.

La typologie des risques ci-dessous illustre bien la complexité de cet environnement.

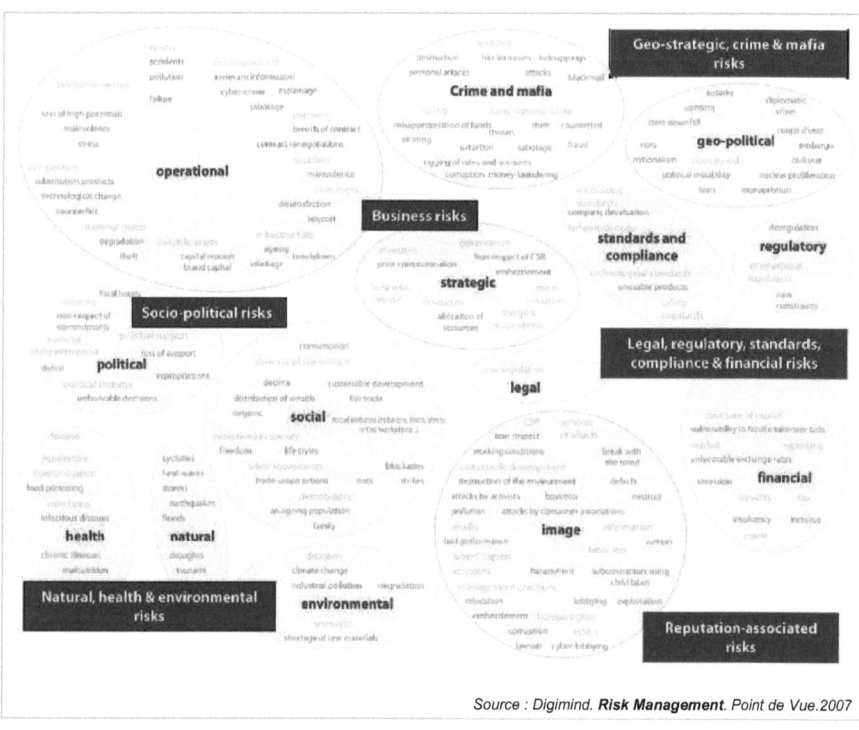

Source : Digimind. **Risk Management**. Point de Vue.2007

Figure 8 : Typologie des risques

4.1 Qu'est-ce que la veille ?

Avant d'aborder les méthodes et outils de veille, définissons ce que l'on entend par la notion « veille » :

Dans son ouvrage *La veille technologique et l'intelligence économique*, Daniel ROUACH donne la définition suivante :

Daniel ROUACH

> « C'est l'art de **repérer, collecter, traiter, stocker des informations** et des **signaux pertinents** qui vont **irriguer l'entreprise** à tous les niveaux de rentabilité, permettre d'**orienter le futur** (technologique, commercial…) et également de **protéger le présent et l'avenir** face aux attaques de la **concurrence**. La veille se pratique dans la **légalité** et le **respect des règles de déontologie** »

Jean MICHEL, lors de la journée d'information « *Outils de veille pour l'entreprise* » organisée par l'IUT de Besançon, essaye de définir la veille de la manière suivante :

Jean MICHEL

> « la veille […] n'est, somme toute, qu'un **dispositif organisé, intégré** et **finalisé** de **collecte, traitement, diffusion** et **exploitation de l'information** qui vise à rendre une entreprise, une organisation, quelle qu'elle soit, **capable de réagir**, à différents termes, face à des **évolutions de son environnement**»

L'idée est très simple : il s'agit tout bonnement de savoir ce qui se produit ou se produira d'important. Mais cette notion de base se décline de multiples façons. La veille suppose, plus qu'un bon service de documentation et bien davantage qu'une excellente revue de presse. Il peut s'agir de déceler des facteurs techniques ou scientifiques (inventions, brevets), des facteurs juridiques, économiques bien sûr, mais aussi stratégiques (l'action des autres acteurs notamment les États), voire sociologiques ou culturels (par exemple les mentalités des consommateurs) sans oublier de surveiller la concurrence (HUYGHE).

De la détection des signes avant-coureurs d'une catastrophe à la prospective technologique, du « tuyau » technique à la compréhension des tendances géostratégiques lourdes, le domaine est vaste. On parle de : veille stratégique, scientifique, technique, géopolitique, juridique, concurrentielle, commerciale, sociétale, normative… Sans oublier la « veille brevet » et la «veille produit ». Et il est probablement possible d'en inventer d'autres. Pour le reste, le processus de la veille rappelle celui du renseignement dont le cycle du renseignement, puisqu'il s'agit de décider de priorités de surveillance, de collecter et vérifier les informations avant de les analyser et enfin de les exploiter, les diffuser et les stocker pour les transformer en éléments pertinents de la décision.

Les professionnels de la veille insistent souvent sur le caractère légal de leur démarche, qui se distinguerait donc de l'espionnage industriel, viol illégal de secrets. Ils se plaisent à rappeler que la plus grande partie de l'information utile est « ouverte » : il suffit donc de savoir la trier. L'information que recherche la veille peut provenir de documents, le plus souvent des textes destinés à servir de trace. Parmi eux les documents numériques sur Internet tiennent une place croissante, à tel point que beaucoup de veilleurs se limitant à l'emploi de logiciels sophistiqués, d'analyse sémantique. Par ailleurs, la veille repose aussi sur de l'information informelle et sur des constats opérés par des acteurs au service de l'entreprise ou réseaux. Ainsi, ils collectent des indications susceptibles de devenir de véritables renseignements à l'occasion d'activités comme des achats, des visites de salon…

Dans le cadre de ce mémoire, on se limitera à analyser la veille sur internet.

4.2 Les enjeux de la veille sur internet

4.2.1 Améliorer la veille concurrentielle

La veille concurrentielle reste le type de veille le plus répandu dans notre société globalisée et hyper-compétitive : il s'agit de connaître en détails l'environnement proche et éloigné la société. L'environnement[66] est évidemment constitué des concurrents, mais aussi des fournisseurs, des clients, etc. qui pourront eux aussi faire l'objet d'une veille.

Ces éléments peuvent permettre de détecter des menaces ou des opportunités de marché à travers l'étude du comportement des concurrents, de leur positionnement prix ou de l'identification, en amont du lancement voire même de l'étude, de nouveaux produits ou services.

> *Les collaborateurs ont été assez surpris de constater que l'information consacrée au monde de la santé était très largement disponible sur le web. Cette facilité d'accès aux données de nos concurrents nous a d'ailleurs conduits à nous interroger sur ce que l'on devait mettre en ligne ou non*
>
> **Philippe MARTINEZ**
> *Directeur Marketing & Communication d'Orkyn, filiale d'Air Liquide*, apparu dans 01 Informatique

---

[66] Selon *Michael PORTER*, 5 forces majeures pèsent sur l'entreprise : le client, le fournisseur, les produits de substitution, les concurrents et les nouveaux entrants potentiels.

Par ailleurs comme nous l'avons vu précédemment, les frontières concurrentielles sont de plus en plus minces et instables et l'on voit désormais des entreprises envahir de nouveaux marchés ne relevant pas a priori de leur cœur de métier.

Un des objectifs prioritaires de la veille concurrentielle est donc de diminuer l'asymétrie informationnelle subie par les décideurs afin qu'ils puissent prendre des décisions dans un environnement moins incertain pour eux. En ce sens, la mise en perspective des informations collectées, la capacité d'identification des signaux faibles et la lisibilité pour les décideurs restent des points essentiels d'une veille concurrentielle efficace.

4.2.2 Surveiller les médias traditionnels

La surveillance des média traditionnels est une figure imposée de la veille. Bien que souvent faiblement différenciatrice et peu stratégique, l'information diffusée dans les médias de masse ou dans des supports ouverts ne peut être occultée. En effet, si fidèle à la loi de Pareto[67], elle ne représente qu'une faible valeur rapportée à sa masse, elle reflète toutefois les tendances lourdes d'un secteur d'activité.

L'information publiée dans la presse offre souvent une vision différente de celle publiée sur les sites institutionnels des sociétés. Ces informations sont en général facilement disponibles et à moindre coût; cependant, il est nécessaire de multiplier l'accès à ce type de sources afin de pouvoir effectuer des recoupements et éliminer d'éventuels biais.

Par ailleurs, l'impact médiatique de la presse traditionnelle est suffisamment important pour que l'entreprise ne puisse ignorer son pouvoir d'influence auprès de ses clients ou partenaires potentiels et se doive donc de surveiller ce que la presse dit d'elle ou de ses produits.

4.2.3 Surveiller les blogs et les forums[68]

Les dernières évolutions du Web ont vu le développement des média alternatifs voire du journalisme participatif.

Si auparavant la publication d'informations sur Internet était majoritairement réservée aux organismes officiels, à la presse et aux entreprises, le développement des plateformes de blogs et autres gestionnaires de contenus permet désormais à quiconque – ou presque – de diffuser sa propre information, sa propre vision des choses et d'un événement en particulier.

A ce titre, la veille sur les blogs, forums et réseaux sociaux s'avère désormais incontournable afin d'identifier les avis négatifs de consommateurs sur une entreprise ou sur un produit.

---

[67] La Loi de Pareto, aussi appelée aussi loi des 80/20, est une loi empirique inspirée par les observations de Vilfredo Pareto, économiste et sociologue italien : 80 % des richesses sont détenues par 20 % des personnes économiques (Source : Wikipedia

[68] Blog et forum : notions détaillées plus loin dans le mémoire

Quelques cas d'école récents ont montré que la mobilisation de ces nouveaux modes de publication pouvait revêtir un caractère revendicatif et faire plier certaines décisions prises par les entreprises. Citons 3 exemples spectaculaires détaillés dans le livre blanc de C. ASSELIN, « Réputation internet - Ecoutez et analysez le buzz digital » :

✓ **Le détournement du logo de la SNCF**

« Train Train quotidien [69] » est un blog écrit par Xavier Moisant racontant ses mésaventures (retards, indisponibilité des machines...) et celles des autres voyageurs de la ligne Le Havre-Rouen-Paris.

En mars 2007, un billet détournant des logos de la SNCF est supprimé par l'hébergeur du blog (Six Apart, propriétaire de Type Pad), sans préavis, à la demande de la SNCF. L'un des logos affichait : SNTR : Société Nationale des trains en retard (cf. Figure 9 : Retournement du logo de la SNCF[70]). En réponse, Xavier Moisant publie le billet « Censuré par la SNCF sur Typepad[71] ». Bilan : plus de 200 commentaires sur ce billet dénonçant la censure, plus de 10 000 citations sur le web. Son blog est maintenant cité par des élus de Rouen24, repris par la Presse Quotidienne Régionale, France Inter...

L'impact est particulièrement fort : des élus, compte tenu des problèmes de qualité de services rapportés chaque semaine sur ce blog ont commencé à remettre en cause des subventions des collectivités territoriales à la SNCF...

En agissant de la sorte, la SNCF a donné un écho bien plus important au contenu du blog que l'audience du blog avant cette affaire de censure. De nombreux blogueurs, dont certains assez influents, ont en effet critiqué l'attitude de la SNCF et de Typepad dans ce cas (et finalement, les logos incriminés, se sont multipliés et ont été reproduits sur d'autres blogs et sites web).

Figure 9 : Retournement du logo de la SNCF

---

[69] http://xmo.blogs.com/train_train_quotidien/

[70] http://blogonautes.blogomaniac.fr/blogonautes-846-des_blogueurs_critiquent_la_censure_dun_billet_par_typepad_a_la_demande_de_la_sncf.htm

[71] http://xmo.blogs.com/train_train_quotidien/2007/03/censur_par_la_s.html

✓ *L'exemple illustré de l'antivol Kryptonite*

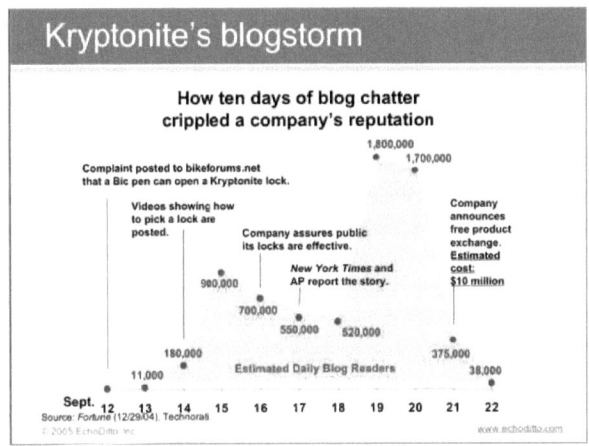

Figure 10 : Illustration du cas Kryptonite

✓ *HSBC : Puissance de fédération d'un réseau social*

En décembre 2007, HSBC qui voulait faire payer un taux d'intérêt de 9,9 % sur les découverts bancaires des étudiants en Grande-Bretagne a été obligé de reculer face à la pression de la « National Union of Students » qui appelait au boycott de la banque sur un groupe Facebook réunissant plus de 5000 participants.

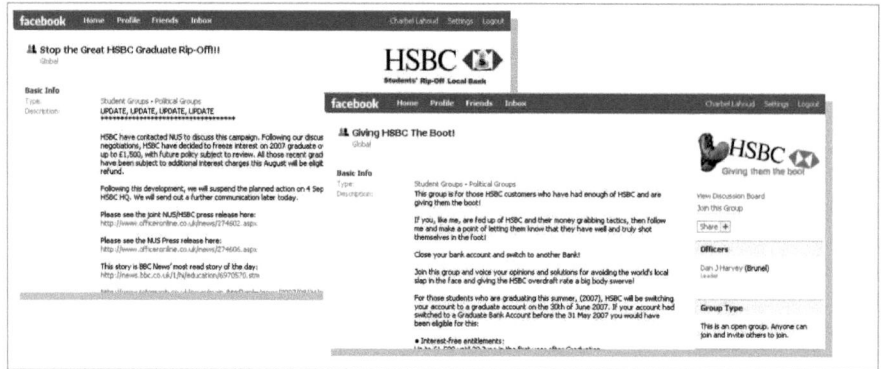

Figure 11 : 2 groupes Facebook appelant au boycott de la banque durant l'été 2007

Qu'il s'agisse du cas d'école « Kryptonite », du détournement du logo de la SNCF ou du cas « HSBC », ces derniers ont mis en exergue l'importance d'une veille ne pouvant plus se cantonner aux média traditionnels.

> Avec la multiplication et la simplification de l'accès au Web et grâce à l'apparition des blogs personnels, des blogs d'experts, des Wikis, etc. les internautes publient de plus en plus d'informations et multiplient les commentaires à propos des sociétés et de leurs produits. Il est donc nécessaire de surveiller ces sites riches en contenu et fréquemment actualisés (tests consommateurs, avis concernant les produits, etc.)

4.3 Organisation et fonctionnement d'une cellule de veille

Le fonctionnement d'une cellule de veille se calque sur les étapes du cycle de la veille (cf. Figure 12 : Cycle de veille). Il est évident que certaines cellules peuvent se cantonner uniquement à une partie du cycle de vie ou se limiter à une première analyse des données collectées, cependant la plupart d'entre elles fonctionnent sur l'intégralité du cycle (MARTINET, et al., 2008).

De plus, certaines parties du cycle peuvent être externalisées (surtout les parties chronophage et à faible valeur ajoutée).

La veille n'est pas une opération de recherche d'informations tout azimut. Pour la réaliser, il est nécessaire de suivre un cycle. La veille est un processus permanent, il faut continuellement recadrer les besoins et les objectifs de la recherche.

Avant de lancer une veille, il faut bien connaître les besoins de demandeur. Il faut reformuler les attentes précises et sous quelle forme l'information est attendue. La demande doit toujours être effectuée dans un but précis, on ne peut jamais tout savoir sur un sujet !

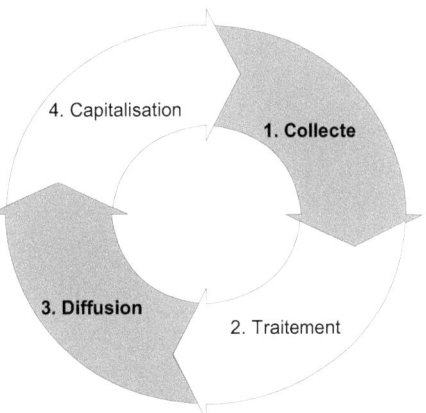

Figure 12 : Cycle de veille

✓ *Collecte / Recherche*

La première phase est la recherche et la collecte des informations. Il s'agit de surveiller et d'interroger les sources et ressources à disposition afin d'obtenir des informations. Quatre méthodes sont avancées en fonctions des caractéristiques des informations à collecter :

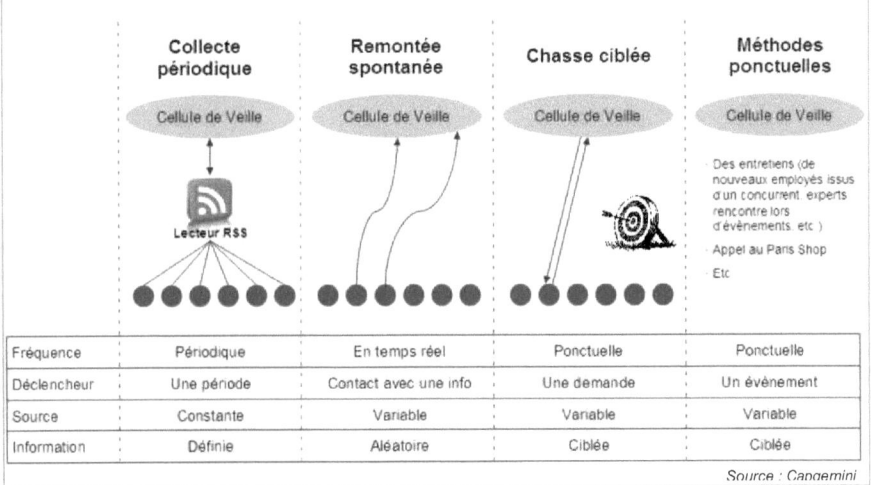

Figure 13 : Les différentes méthodes de collecte d'information   Source : Capgemini

La veille s'appuie sur les 3 premières méthodes ; la dernière servira ponctuellement en fonction des opportunités.

✓ *Traitement de l'information*

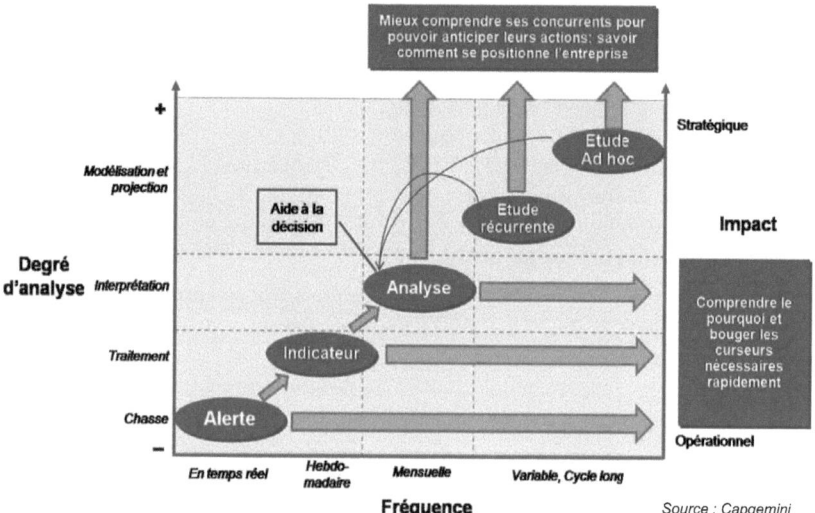

L'information brute recueillie doit être traitée, c'est-à-dire hiérarchisée, synthétisée ou décryptée selon les besoins du demandeur. Cette étape permet de fiabiliser et hiérarchiser l'information.

Le degré d'analyse de l'information est tout aussi déterminant que le périmètre dans la définition de la future organisation cible. Il dépendra de l'ambition fixée par la cellule de veille

✓ *Diffusion*

Plusieurs stratégies de diffusion de l'information peuvent être adoptées. Cette stratégie est généralement définie lors de la phase de cadrage de la cellule de veille. Plusieurs paramètres sont à prendre en compte dans cette stratégie :

- La cible : qui est le destinataire ? Faut-il segmenter la population cible et donc personnaliser l'information par segment ?
- L'information : quelle information sera diffusée ? informations brutes, synthèse, résumés, etc. ?
- Le mode de diffusion : Faut-il mettre à disposition les informations (sur un portail par exemple) ou au contraire envoyer les informations aux cibles définies (mails, newsletter, etc.) ? Push ou Pull ?

✓ *Capitalisation*

Les informations traitées sont capitalisées. Ces informations peuvent être utilisées ultérieurement pour par exemple étudier une évolution d'un indicateur, rédiger un point de vue sur un thème, etc.

Au fur et à mesure, le capital connaissances de la cellule se construit et croît par étape jusqu'à la maîtrise totale du processus et la couverture global des domaines d'information.

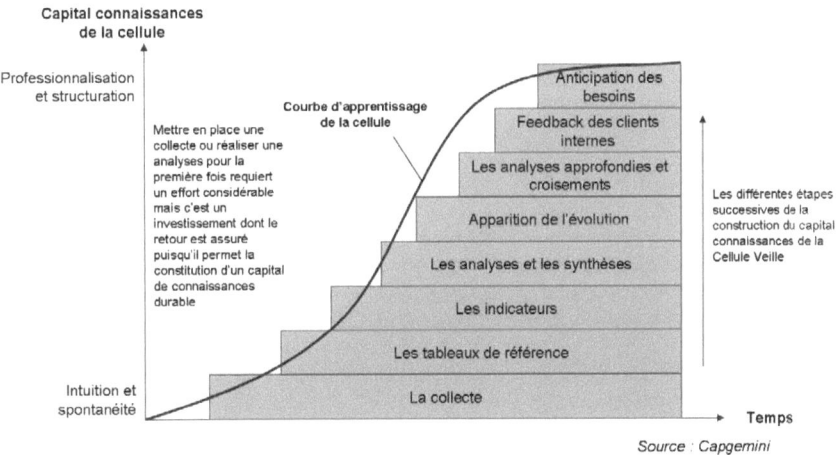

Source : Capgemini

4.4 Processus de mise en place d'une cellule de veille

Une cellule de veille sur Internet est une activité de soutien à d'autres activités. L'information qu'elle collecte et la valeur ajoutée qu'elle créée à travers les analyses qu'elle produit et les documents qu'elle diffuse doit alimenter un processus décisionnel ou participer à la capitalisation d'informations utiles aux différents métiers. A cette fin, elle doit se décomposer en plusieurs étapes nécessaires à sa conception juste, en accord à la fois avec les pratiques de l'entreprise, avec sa relation à l'information, avec ses contraintes techniques et avec surtout ses besoins en information.

4.4.1 Analyse de l'existant

En phase préalable de mise en place d'un dispositif de veille sur Internet, on s'attachera à dresser un état des lieux de la maîtrise de l'information dans l'entreprise de manière générale.

4.4.2 Définition du besoin

Afin de partir sur de bonnes bases, il est plus que primordiale de passer le temps qu'il faut afin de bien définir le besoin. On se posera donc certaines des questions suivantes :
- **De quelles informations a-t-on besoin ?** Il convient de définir le périmètre global de la veille. Cela signifie qu'il est nécessaire de définir le type d'informations que l'on souhaite collecter et surveiller, pour connaître le type de veille que l'on souhaite mettre en place.
- **Où se trouvent ses informations ?** Selon le type de veille que l'on souhaite réaliser, l'information ne sera pas accessible par les mêmes moyens (sites gouvernementaux, sites de presse, etc.). Il convient donc de s'assurer que l'on est capable d'identifier les sites ou les pages Web contenant les informations que la société souhaite collecter
- **Comment accéder à ces informations ?** même si une énorme majorité de l'information disponible sur internet est gratuite, une grande partie de cette information n'est pas accessible : « *l'information publique sur le web invisible*[72] est ***400 à 550 fois plus volumineuse que le web visible***[73] ». Il convient donc de définir le mode de collecte de l'information : faut-il se limiter au Web visible, faut-il s'abonner à des bases de données professionnelles, etc. ?
- **Quel crédit accorder à ces informations ?** Les 5 critères traditionnels d'évaluation de l'information (l'exactitude, l'autorité intellectuelle de l'auteur, l'objectivité, l'actualité et la façon dont est couvert le sujet) permettront de juger les sources d'information sur (MARTINET, et al., 2008).
- **A qui seront destinées ces informations ?** selon le type d'information à diffuser la population ciblée peut ne pas être la même : par exemple l'information brute peut être diffusée à tout le monde alors que les analyses et les points de vue aux dirigeants de l'entreprise.
- **Quels bénéfices attendre d'une cellule de veille ?** Les bénéfices d'une cellule de veille sont très nombreux. En effet, une cellule de veille permet de : détecter les signaux faibles, d'améliorer la vision à long terme et l'anticipation des opportunités, de prendre en compte les tendances émergentes, d'apporter une meilleure connaissance de l'environnement de l'entreprise, d'optimiser le processus de prise de décision, etc. L'ambition de la cellule doit être fixée dans la phase de cadrage de la cellule.

---

[72] Cf. annexe sur le « Qu'est-ce que le Web Invisible ? »

[73] D'après l'étude de Michael K. Bergman « *The Deep Web : Surfacing Hidden Value* », publiée en 2001. Même si l'étude date de 2001, les proportions restent valables.

4.4.3 Identification des besoins en ressources humaines

La mise en place d'une cellule de veille nécessite l'implication du management dès l'origine du projet car la veille est une activité liée à la stratégie d'entreprise.

Enfin, la cellule de veille sur Internet sera constituée d'un ou plusieurs veilleurs qu'il faut identifier au début du projet et associer à la démarche de mise en place de cette cellule. Dans une cellule de veille comportant plusieurs veilleurs, la répartition des tâches peut se faire par métier ou par type de veille en fonction des compétences spécifiques de chacun des veilleurs. Ainsi, on positionnera souvent sur la veille technologique des ingénieurs de métier disposant d'une formation à la veille. Un veilleur efficace ne peut être qu'un veilleur qui comprend l'information qu'il recherche : cela lui permet de connaître le vocabulaire métier, les sources d'information professionnelles mais lui permet aussi de sélectionner, au moins sur un premier niveau, l'information pertinente.

4.4.4 Sélection d'un outil adapté au besoin

Le choix de l'outil devra donc être fait en fonction de différents critères objectifs et devra être le résultat d'un accord entre les différentes parties impliquées (managers, veilleurs, etc.) :

- facilité de mise en place
- adhésion des utilisateurs,
- type de documents à récupérer,
- facilité d'utilisation,
- existence d'un support technique,
- organisation du contenu,
- formation, etc.

4.5 Les facteurs clés des succès

Suite à mes recherches documentaires (voir bibliographie), j'ai pu identifier plusieurs facteurs clés de succès pour la mise en place d'une cellule de veille :

- La fiabilité de l'information
- Des ressources qualifiées et suffisantes
  - Apportant une vraie valeur ajoutée dans le traitement et l'interprétation des informations
- Un excellent système d'informations qui facilite
  - La capitalisation des connaissances
  - Le traitement des informations parfois complexes

- La diffusion « self service » des informations
- La gestion des contacts et des demandes
- La formation et la sensibilisation de tous les acteurs impliqués dans la chaîne de remontées d'informations
- Une communication régulière sur la veille et des garanties sur les retours d'informations
- Une diffusion ciblée et « intelligente » des informations
- Un réseau de contacts étendu, fiable et professionnalisé
    - Capable de montrer la capacité de l'organisation à détecter les nouveautés avant leur avancement
    - Sachant remonter des informations de qualité (fiables et utiles)
- Des résultats rapides et démonstratifs
- Etre garant d'une continuité, grâce par exemple à un SPOC[74] dans le temps

---

[74] *Single Point Of Contact*, point d'entrée unique en français.

5. Une cellule de veille chez Capgemini Consulting

5.1 Contexte

5.1.1 Le développement interne du cabinet

Les présentations du cabinet Capgemini Consulting que j'ai intégré suite à mon contrat d'étude et de l'entité BIS (*Business & Information Strategy*) sont disponibles en annexe de ce mémoire.

Comme dans tous les cabinets de conseil, les consultants participent au développement interne du cabinet. Cette participation peut se concrétiser sous différentes formes :

- Recruter des jeunes consultants
- Former et/ou parrainer des consultants
- Organiser des évènements (tables rondes, évènements festifs, etc.)
- Participer à la rédaction de points de vue
- Participer au développement de nouvelles offres au sein du cabinet
- Participer au développement de communautés
- Etc.

La mise en place d'une cellule de veille s'inscrit dans le développement de l'offre « *Business Innovation Through IT*[75] ».

5.1.2 Les objectifs de l'offre « Business Innovation through IT »

Pour accompagner l'effort de montée en valeur des consultants BIS, l'offre « Business Innovation through IT » (BIT-IT) se donne comme objectifs de :

- **Contribuer à la construction d'une nouvelle offre BIT-IT** qui permettrait à nos clients de transformer des expérimentations technologiques en opportunités business et/ou métier contribuant à l'évolution de leur business model, l'organisation et les processus.

- **Développer notre capacité en interne** : La plupart des évolutions (nouveaux services ou produits, nouvelles relations clients, nouveaux modes de production, changements dans l'organisation du travail des entreprises,...) constatées sur le marché sont dues à la technologie. Notre démarche vise à mieux comprendre les usages que la technologie rend possible.

---

[75] « L'innovation par l'usage des technologies » en français

- Participer au **rayonnement interne et externe** de nos activités et de les positionner comme un véritable levier d'innovation et de transformation.

5.1.3 Pourquoi une cellule de veille au sein de l'offre ?

La mise en place d'une cellule de veille s'inscrit parfaitement dans le deuxième objectif de l'offre : en partant du constat que *la plupart des évolutions constatées dont dues à la technologie,* il est primordial pour un cabinet **de surveiller les nouveaux usages des technologies pour créer des opportunités de business avec ses clients** (grands comptes ou nouveaux clients).

Le but de cette démarche n'est pas d'être précurseur sur le marché, mais d'avoir le panel le plus large possible des usages des technologies pour :

- Accompagner nos clients dans la mise en place de ces usages
- Proposer si le cadre le permet, par exemple en ASE[76], des comptoirs spécialisés sur les usages des nouvelles technologies de tel secteur, etc.
- Et bien sûr, mettre à disposition des consultants participants à l'offre (soit une soixantaine de consultants) une base de données regroupant plusieurs types de documents : usages des technologies, études de cas, études de marché, point de vue, analyse de tendance sectorielle, etc.

La mission de la cellule de veille à mettre en place est fondamentalement différente de la mission du « *Paris Shop*[77] », donc le risque de redondances des missions est très faible.

5.2 Démarche

Pour mettre en place cette cellule de veille, j'ai suivi la démarche décrite dans la partie 4.4 soit *« Processus de mise en place d'une cellule de veille »*. Je décrirai donc dans ce paragraphe les résultats de la démarche décrite dans le paragraphe cité.

5.2.1 Analyse de l'existant

Au sein de l'entité BIS, il existe plusieurs démarches qui m'intéressaient :

---

[76] ***Accelerated Solution Environnement*** : Il s'agit d'un savoir-faire de Capgemini qui permet de solutionner un problème complexe en deux ou trois jours là où ça prendrait plusieurs mois en entretiens en deux à deux

[77] Le « ***Paris Shop*** » est la cellule de veille du groupe Capgemini. Cf. Annexe 6 pour le détail de ses missions

- **Une étude de la concurrence sur l'offre « *Business Innovation Trough IT* »** : j'ai participé à la réalisation de cette étude avec Raphaël GRUNCHEC lors de notre contrat d'étude au sein du cabinet
- **Référencement des sources utiles sur l'usage des technologies**
- Deux recensements des **technologies à surveiller** (interne au cabinet)

5.2.2 Définition du besoin

Le besoin du Directeur Associé peut se résumer en une phrase : *« mettre en place une veille technologique, concurrentielle et sectorielle afin de pouvoir proposer aux clients un large panel d'exemples d'usages de technologies, de tendances sectorielles et d'accompagnements possibles ».*

Ci-dessous la réponse aux questions posées dans la partie 4.4.2 de ce mémoire

- **De quelles informations a-t-on besoin ?**

Nous avons besoin d'études de cas, d'analyses sectorielles (dans un premier temps), etc.

- **Où se trouvent ses informations ?**

La plupart de ces informations sont disponibles gratuitement sur internet sur les sites des concurrents, sur les sites de presses spécialisées, sur les blogs spécialisés (d'anciens consultants par exemple), etc.

- **Comment accéder à ces informations ?**

La veille se limitera aux informations disponibles gratuitement sur internet.

- **Quel crédit accorder à ces informations ?**

Une première liste de source existe déjà. L'ajout de références se fera au fur et à mesure.

- **A qui seront destinées ces informations ?**

Les informations seront disponibles dans un premier temps aux consultants participant au développement de l'offre « Business Innovation Through IT », et à tous les consultants de l'entité BIS.

- **Quels bénéfices attendre d'une cellule de veille ?**

La principale attente à court terme et d'offrir à tous les consultants une vision assez exhaustive des technologies, des tendances, des secteurs et des concurrents.

5.2.3 Identification des besoins en ressources humaines

Ce projet est parrainé par Nicolas Gauthier, le DA (Directeur Associé) responsable de l'offre. La mise en place d'une cellule de veille nécessite, au moins à court terme, l'implication de 3 ou 4 consultants à 10%, soit au moins un consultant par type de veille.

5.2.4 Sélection d'un outil adapté au besoin

Il existe un outil groupe de « Knowledge Management ». Avec l'accord du DA, cet outil ne sera pas utilisé pour la cellule de veille car il est toujours en phase de déploiement et les flux RSS ne sont pas disponibles sur cet outil.

En prenant en compte les critères de sélection cités dans le paragraphe 4.4.4 (facilité de mise en place, type de documents à récupérer, facilité d'utilisation, existence d'un support technique, organisation du contenu, formation, etc.), mes recherches sur internet m'ont permis de sélectionner un CMS[78] gratuit : *Joomla!*[79]. Le portail de veille sera hébergé gratuitement sur les serveurs de *Free*.

5.3 Description du dispositif

Le dispositif est structuré autour d'un management de proximité destiné au suivi opérationnel et d'un management plus global qui définira les objectifs et cadrera les travaux.

---

[78] Un CMS (Content Management Systems) ou Système de Gestion de Contenu en français est une famille de logiciels destinés à la conception et à la mise à jour dynamique de site web ou d'application multimédia (source : wikipedia)

[79] Voir annexe pour plus de détails ou sur http:/www.joomla.org

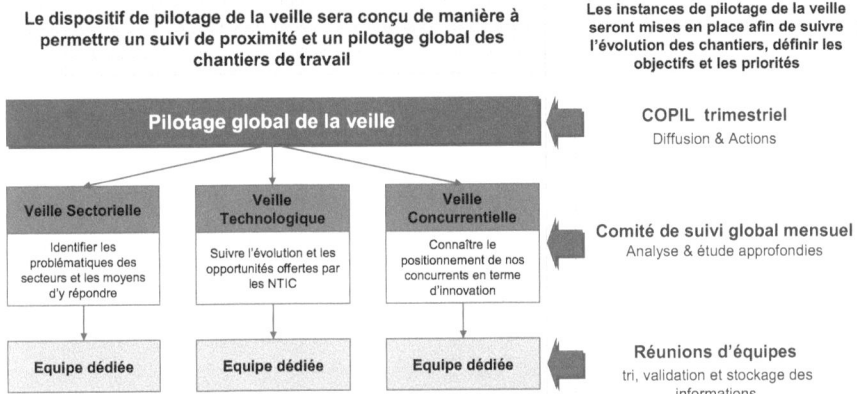

Figure 14 : Dispositif de la cellule de veille

Dans un premier la cellule fonctionnera avec 2 consultants (moi-même et un deuxième consultant). L'accent sera mis sur la veille technologique et la veille concurrentielle. Dans un second, dès que le dispositif sera stabilisé 2 ou 3 consultants rejoindront l'équipe de veilleurs et d'analystes.

5.4 Les outils

L'analyse des outils existants au sein de BIS (cf. Annexe) a mis en évidence la non adéquation d'un outil unique pour couvrir l'ensemble des besoins de la veille. Ci-dessous un tableau récapitulant

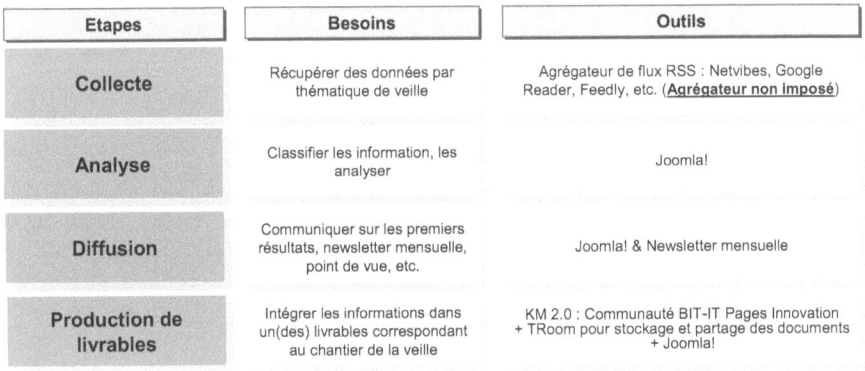

Figure 15 : Les outils utilisés

5.5 Première vague

5.5.1 Kick-off

Le portail de veille 2.0 fut officiellement lancé le 16 Novembre 2008 ; un mail a été envoyé aux consultants de l'offre « *Business Innovation Through IT* » leur expliquant en quelques mots la démarche et en ajoutant en pièce jointe un guide d'utilisation du portail « *Veille 2.0* ».

Figure 16 : Le portail "Veille 2.0"

Portail veille BIT-IT : présentation générale de l'interface

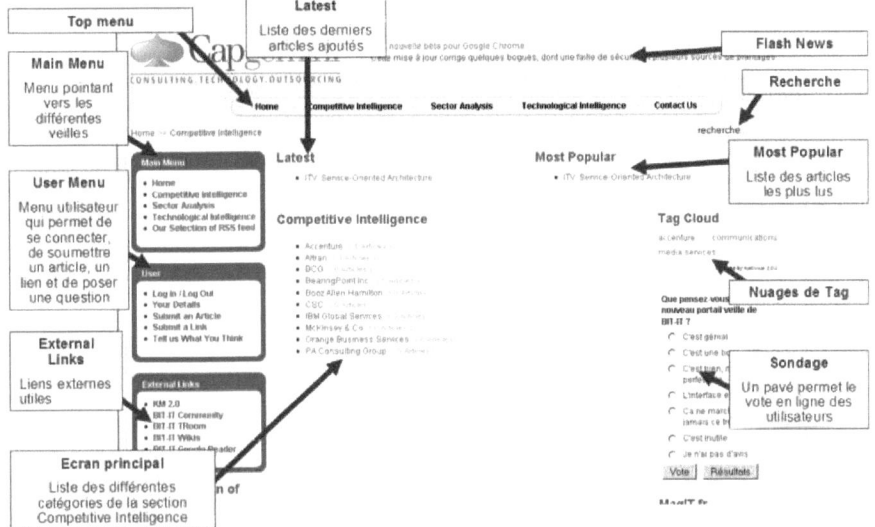

Figure 17 : Extrait du "Guide d'utilisation" du portail

5.5.2 Bilan de la première vague

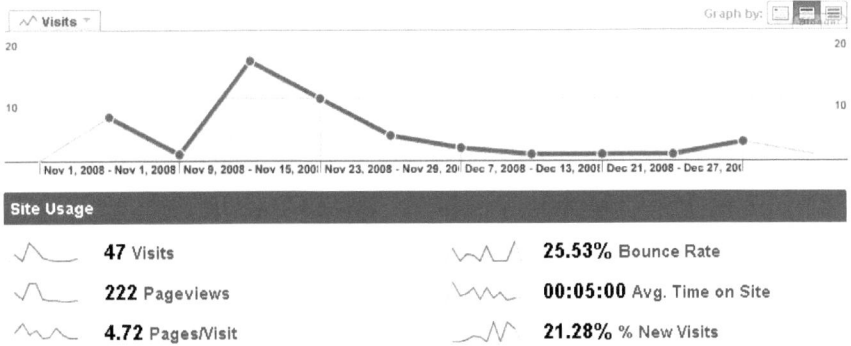

Figure 18 : Extrait du rapport de *Google Analytics* permettant de mesurer l'affluence du portail

L'analyse de la figure ci-dessus montre bien que les consultants se sont connectés au portail lors du lancement uniquement. Rare sont les personnes qui sont retournées.

Le bilan est donc assez mitigé.

5.6 Préparation de la deuxième vague

5.6.1 Constats suite à la première vague

Voici les constats permettant d'expliquer l'échec de la première vague :

- La mise en place d'un système d'identification (avec login et mot de passe individuels) pour accéder aux articles. D'ailleurs trois personnes uniquement se sont inscrites au portail.
- Le manque de ressources humaines : j'étais l'unique contributeur[80] du portail
- Le manque de lisibilité du guide d'utilisation : plusieurs consultants ont du m'appelé pour ajouter du contenu
- Le manque de quelques fonctions « de base », comme l'ajout de pièces jointes aux articles (cette fonctionnalité est prévue dans *Joomla!* Mais elle est bloquée par l'hébergeur *Free*)

5.6.2 Plan d'actions pour fin Janvier

Afin de relancer le portail « veille 2.0 », un plan d'actions a été mis en place pour la fin janvier 2009 :

- Lancer la première Newsletter (pour fin Janvier). Cette newsletter aura pour objectif de :
    - Faire connaître l'existence d'une cellule veille au sein de BIT-IT
    - Fédérer les consultants
    - Recenser les meilleurs articles (du mois) selon les 3 typologies de veille (on peut se limiter à 5 articles par typologie)
    - Motiver les consultants à ajouter des articles dans la base
- Mettre à disposition des consultants un flux RSS délivrant tous les articles du portail. Cette fonctionnalité évitera aux consultants de se rendre régulièrement sur le site.
- Recruter des veilleurs plus ou moins « stable » (un veilleur stable est un consultant qui va soumettre entre 1 à 5 articles par mois)
- Revoir la stratégie de communication (organiser des séances de découverte, de formation aux consultants, etc.)
- Former des collaborateurs administrateurs du portail

---

[80] Un contributeur est une personne qui ajoute du contenu au portail

5.6.3 Bilan à ce jour

A ce jour, la plupart des actions citées dans le paragraphe précédent ont été réalisées :

- La newsletter est en phase de validation par les responsables de l'offre
- Un nouveau consultant a rejoint l'équipe d'administrateurs du portail de « Veille 2.0 ». Ce consultant est aussi un veilleur actif
- L'identification pour accéder au site a été supprimée
- Des flux RSS ont été mis en place : flux général et par typologie de veille
- Plus de 100 articles sont disponibles dans la base de données du portail
- Le guide utilisateur a été de simplifier

Une semaine après le lancement de la deuxième vague, une très nette amélioration est constatée dans la fréquentation du site (plus de 40 visites suite à l'envoi de la newsletter du mois de Janvier) mais aussi dans le comportement des collaborateurs : plusieurs d'entre eux ont soumis des articles !

6. Conclusion

En définitive, la mise en place d'une cellule de veille 2.0 sera un vrai succès que si elle est associée à un certain nombre de facteurs clés de succès, dont les plus importants sont :

- Un soutien fort du management ne suffit pas ; il faut que ce soutien se transforme en implication directe sur le projet
- Une motivation et un engagement des collaborateurs
- Une facilité et une simplicité de mise en œuvre : abolition des logins et mots de passe, disponibilité des informations en « push » (en mettant en place par exemple des flux RSS), etc.

La potentialité des outils et des pratiques liés au Web 2.0 dépendra moins de leur structure que des objectifs, de la volonté et des désirs des personnes et sociétés qui les mettent en œuvre. Certes ils agissent en faveur de certains usages : mais ne les conditionnent pas : « la mise en place d'une cellule de veille 2.0, ne provoque pas automatiquement la collaboration des consultants ».

Dans tous les cas, je pense qu'il faut garder à l'esprit que les habitudes et méthodes de travail ne se changent pas en un jour. Aussi il s'agira d'abord de mettre en œuvre un certain nombre d'actions (formation, communication, etc.) visant à entretenir des pratiques collaboratives.

Plus généralement, compte tenu de l'évolution de la société et du recrutement progressif de jeunes consultants « nourris » aux pratiques Web 2.0, on peut se demander si la mise en place de ces pratiques dans l'entreprise n'est pas inévitable. Pour autant, il ne s'agit pas de faire table rase de l'existant : les pratiques et les outils de Web 2.0 ne remettent pas en cause la légitimité des pratiques actuelles ni leur utilité. Les nouveaux outils ne doivent pas remplacer les outils qui existent déjà, mais bien au contraire, ils doivent former un complément à ce qui existe déjà.

7. Annexes

7.1 Web 1.0 vs Web 2.0

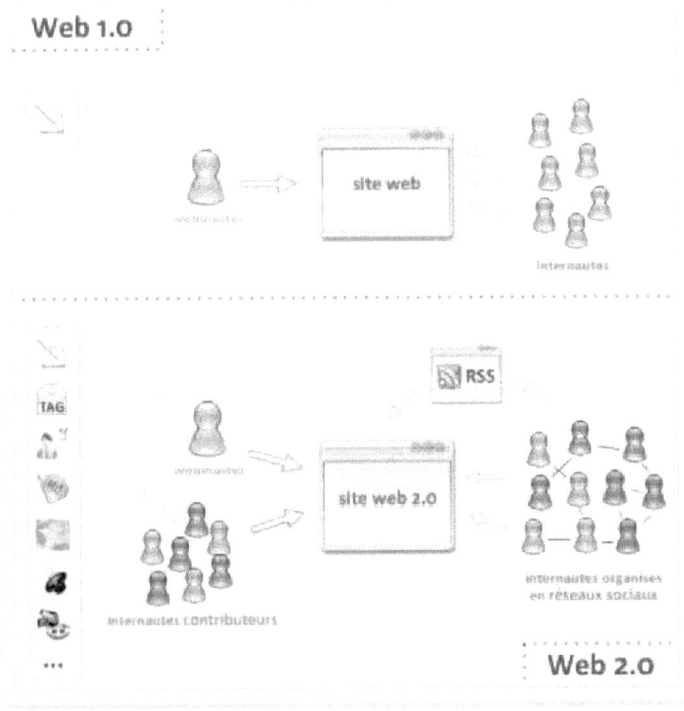

Figure 19 : Web 1.0 VS Web 2.0 (source : webilus.com)

7.2 Qu'est-ce que le « Web Invisible » ?

Le Web invisible est l'ensemble des pages web qui ne sont pas indexées par les moteurs de recherche.

Comme le montre la figure ci-dessous, le nombre de réponses d'une recherche du mot « Insulin » sur le site http://www.pubmed.com n'est pas tout à fait le même en utilisant le moteur de recherche du site ou en utilisant le moteur de recherche *Google*[81]. Avec le moteur de recherche de *Google*, 704 réponses sont trouvées, alors qu'avec le moteur de recherche du site en question, on obtient 242159 !

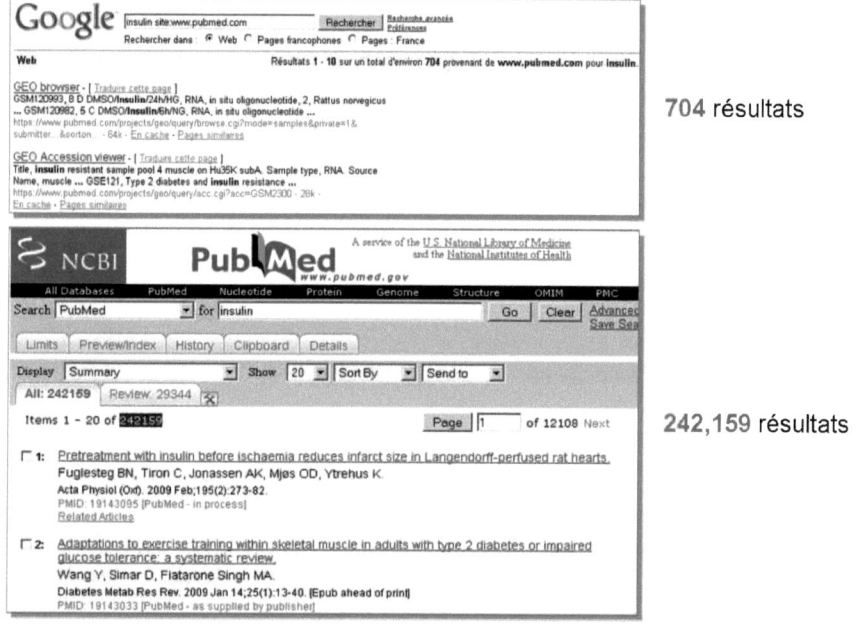

Figure 20 : Pourquoi le web invisible ?

L'internaute, comme les moteurs de recherche, ne peut accéder à ces informations qu'en effectuant des requêtes, c'est à dire en interrogeant les bases de données en question. Or les seules questions que les moteurs de recherche peuvent poser sont celles qui ont été déterminées par les concepteurs des sites web et qui se matérialisent le plus souvent par des liens. Toute requête non prévue à l'avance ou non autorisée ne se verra pas apporter de réponse. Ainsi, une grande masse d'informations reste invisible aux moteurs de recherche et aux internautes.

---

[81] Une requête de la forme « mot site:www.monsite.com » permet de limiter la recherche au site www.monsite.com

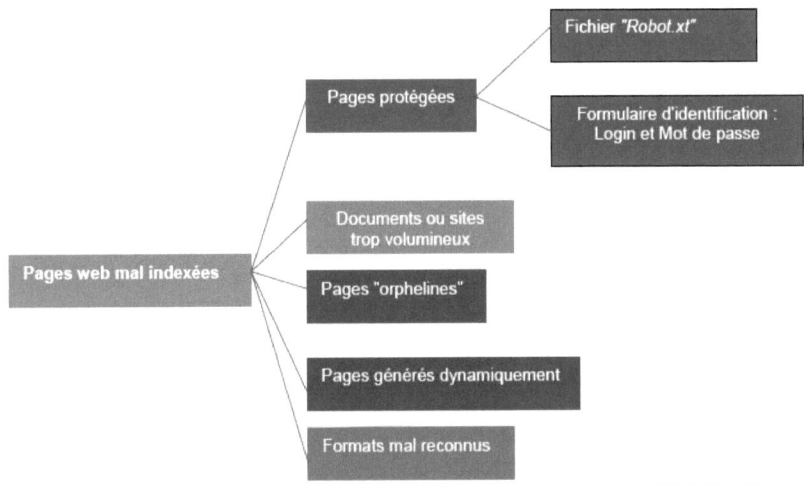

Figure 21 : Les pages Web peu accessibles aux moteurs de recherche conventionnels

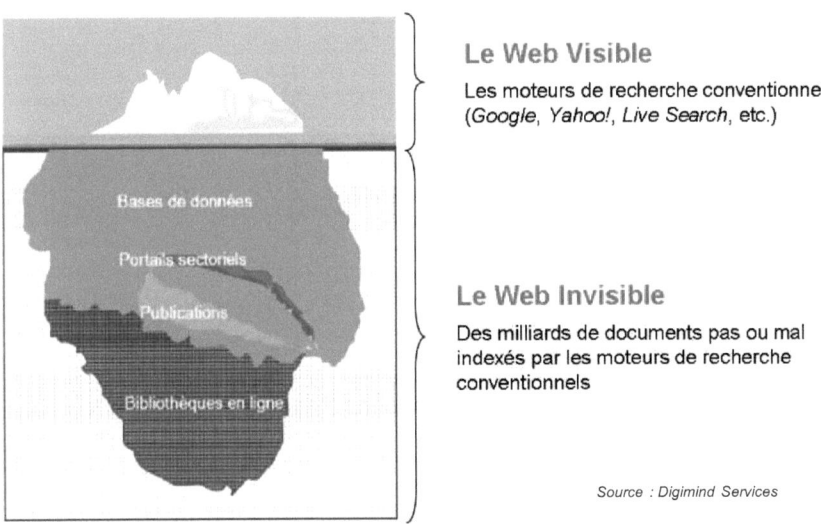

Figure 22 : Le Web Invisible peut être représenté sous forme d'iceberg

« *Une qualité de contenu 3 fois supérieure à celle du web visible* ». Pourquoi ? Essentiellement parce que la majeure partie des sites du web invisible sont des sites spécialisés, dédiés à une activité, une technologie, un métier et que leur contenu émane ou est validé par des professionnels, spécialistes et experts.

7.3 Glossaire du Web 2.0 (ASSELIN, et al., 2007)

- **Tags** : *mot clef sous forme d' "étiquette" que les utilisateurs peuvent apposer sur un document numérique (texte, photo, vidéo), de façon à en décrire le contenu. Le tagging introduit une part de subjectivité par rapport à l'indexation automatique effectuée par les moteurs. Les tags peuvent également être extraits automatiquement d'un texte en fonction de leur fréquence d'occurrence.*

- **Nuage de tags** : *présente les tags correspondant à un site (ou à plusieurs) en les regroupant sur un même espace et leur attribuant une taille variable suivant la fréquence d'utilisation ou d'occurrence. Cela donne une vision d'ensemble des principales thématiques. Le site Tagcrowd.com permet de générer un nuage de tags à partir d'un texte.*

- **Folksonomie** : *(traduit également parfois par potonomie, peuplonomie...) Ce mot valise, contraction de folk (peuple) et taxonomie, désigne une forme de "classification collaborative décentralisée spontanée" basée non pas sur un vocabulaire contrôlé et standardisé mais sur des termes choisis par les utilisateurs eux-mêmes, intitulés tags. L'objectif étant de faciliter l'indexation des contenus, ainsi que la recherche d'information.*

- **Blogs** : *journal personnel disponible sur le web. Peut être tenu par un particulier, un chercheur, un journaliste, un salarié d'entreprise ou plus rarement par un groupe de personne (entreprise, collectivité...). Le blog a pour objet de diffuser des billets, généralement liés à l'actualité, et présentés par ordre chronologique, alors qu'un wiki est destiné à la mutualisation des connaissances. Un blog peut présenter des contenus multimédias : photo (photoblog), son ou vidéo (vblog, vlog)... (A lire, « Comment le blog renouvelle le journalisme » par Philippe Couve sur http://www.samsa.fr/2008/11/18/comment-le-blog-renouvelle-le-journalisme/)*

- **Blogosphère** : *la "biosphère des blogs ". Ce mot valise désigne la communauté des blogs, ou encore l'ensemble des auteurs de blogs. La blogosphère est largement interconnectée, les **trackbacks** situés sur la plupart des blogs permettant de lier deux articles traitant de sujets connexes. L'élite des blogueurs particulièrement influents peut être qualifiée ironiquement de "blogeoisie".*

- **Blogroll ou blogoliste** : *liste de liens vers d'autres blogs, présentés par l'auteur d'un blog. On peut syndiquer sur une même page des billets venant de ces blogs via les formats RSS.*

- **Wiki** : *Site web dynamique dont tout visiteur peut modifier les pages à loisir. Le terme vient la langue hawaïenne (wikiwiki = rapide). Un wiki a pour objectif de mutualiser des connaissances et est organisé autour d'un plan de classement. Les contributeurs d'un wiki sont généralement anonymes.*

- **Crowdsourcing** : *Littéralement "approvisionnement par la foule". Le crowdsourcing consiste à utiliser la créativité, l'intelligence et le savoir-faire d'un grand nombre d'internautes pour créer des contenus, participer à l'alimentation d'un site. Cette* *participation des utilisateurs à la création des contenus représente une forme d'externalisation (outsourcing) et permet de réduire les coûts en se basant sur un système de bénévolat ou de micropaiement.*

- **Réseaux sociaux** : *de nombreux sites de "social networking" ou réseautage social sont apparus avec la vague du Web 2.0. Ils permettent de mettre en relation des personnes partageant les mêmes centres d'intérêt personnels ou professionnels. Ces réseaux peuvent devenir de véritables communautés en ligne, les plus fameux étant les sites Friendster ou Myspace, ou bien dans la sphère professionnelle Linkedin, Viadeo…La plupart des réseaux sont ouverts, certains fonctionnent sur le mode de la cooptation.*

- **Podcasts** : *issu de la combinaison des termes iPod (d'Apple) et broadcasting, ce terme désigne le fait de rendre disponible en ligne un fichier audio au format numérique. Ce fichier peut-être téléchargé directement sur un ordinateur ou un périphérique, via un flux de diffusion. Equivalent français : baladodiffusion. L'utilisateur peut ainsi se composer une liste de lecture à la carte. Pour les fichiers vidéo, on emploi le terme de vidéocast.*

- **AJAX** *(Asynchronous JavaScript And XML) : méthode informatique de développement d'applications Web permettant d'économiser de la bande passante, en ne rechargeant pas une page entière alors que seuls certains éléments ont besoin de l'être, mais en ne rafraîchissant que ces éléments de la page. Cela permet de produire des contenus dynamiques et réactifs en ne nécessitant que peu d'appels au serveur hébergeant la page. AJAX est une combinaison de plusieurs technologies : HTML, CSS, Javascript, XML…De nombreux sites web 2.0 sont développés en AJAX.*

- **API** : *Interface de programmation permettant à un utilisateur de développer des applications conviviales, De nombreux sites classiques ou "Web 2.0" proposent des API pour intégrer automatiquement leur contenu à d'autres sites.*

- **Mashup** *ou* **Mash up** : *application web composite mixant plusieurs sources ou plusieurs contenus pour fournir un nouveau produit ou service. Le terme se traduit en français par remixage, ou mosaïque. Exemple de mashup : la visualisation des résultats des élections présidentielles françaises via Google Earth qui mixe les cartes Google et les chiffres du Ministère de l'Intérieur.*

- **Long tail (longue traîne)** : *Cette expression est utilisée en statistiques, et peut s'appliquer au marketing. Des produits rares ou qui font l'objet d'une faible demande, peuvent collectivement représenter une part de marché égale ou supérieure à celle des best-sellers, si les canaux de distribution peuvent proposer assez de choix. Le caractère virtuel du web permet de générer une longue série de marchés de niche hétérogènes (exemple : e-bay), par opposition aux grands marchés homogènes et grand public du monde réel.*

7.4 Les flux RSS et ATOM

Quelques définitions :

- **RSS:** l'acronyme signifie selon les versions Really Simple Syndication (RSS 2.0), RDF Site Summary (RSS 0.9, 1.0 et 1.1) ou encore Rich Site Summary (RSS 0.91). Ce format de syndication permet d'extraire automatiquement d'un site web ou d'un blog du contenu régulièrement mis à jour. Un fichier RSS est un simple fichier texte au format XML comportant la description synthétique du contenu. Ce format a été créé en 1999 par Netscape. On peut s'abonner gratuitement à plusieurs flux RSS à partir d'un lecteur on-line ou installé sur le PC.
- **Atom :** *Format normalisé de syndication de contenu Web, basé sur le XML, qui permet, la syndication de contenu entre différentes ressources Web. Concurrent de RSS, Le format Atom a été créé dans le but de simplifier les différents formats RSS existants. La différence entre les deux formats réside surtout dans l'emploi de balises XML différentes. Les deux formats sont généralement lus par les agrégateurs.*

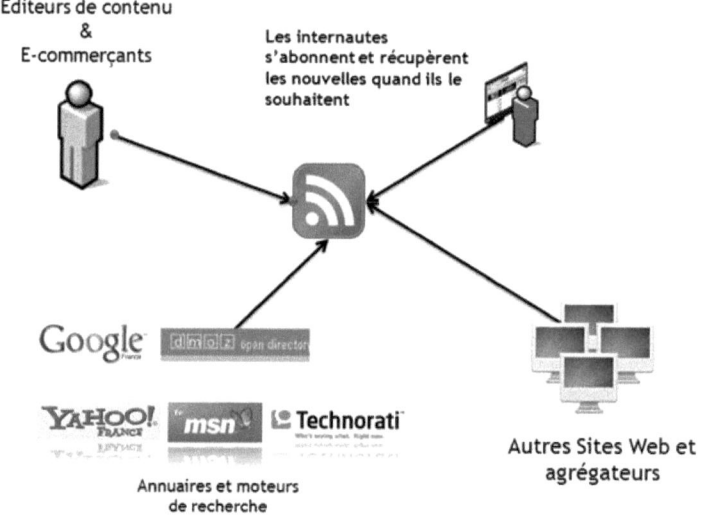

Figure 23 : Comment marche les flux RSS ? (Source : http://www.Marketing-étudiant.fr)

L'intérêt d'un tel outil est de permettre l'agrégation de plusieurs sources de contenus internet en une seule application. Le suivi du contenu est réalisé quasiment en temps réel.

7.5 Benchmark des lecteurs de flux RSS et ATOM

Le listing des agrégateurs de flux RSS étudiés est restreint aux logiciels références du marché. Il concerne les agrégateurs suivants :

Agrégateurs de flux	Type
Google Reader	Web-based
Netvibes	Web-based
Orange	Web-based
Bloglines	Web-Based
Internet Explorer 7.0	Client Riche intégré
FoxNews	FireFox add-on
Sage	FireFox add-on
FeedReader	Client Lourd
NewsGator	Plugin MS Outlook

Chaque agrégateur a été noté selon les critères de sélection suivants : Type, OS, Mobile, Arborescence des Feeds, Prise en Compte du HTML, Gestion des posts lus/pas lus effacement, Rapiditité, Déplacement des feeds, Archivage, Ergonomie, Partager, Import/Export feeds, Raccourcis clavier, Recherche dans les feeds, Tagging, Flag, Star, Clip.

La comparaison des agrégateurs de flux selon tous les critères cités permet de dégager 3 agrégateurs riches que sont : Google Reader, FeedReader et NewsGator

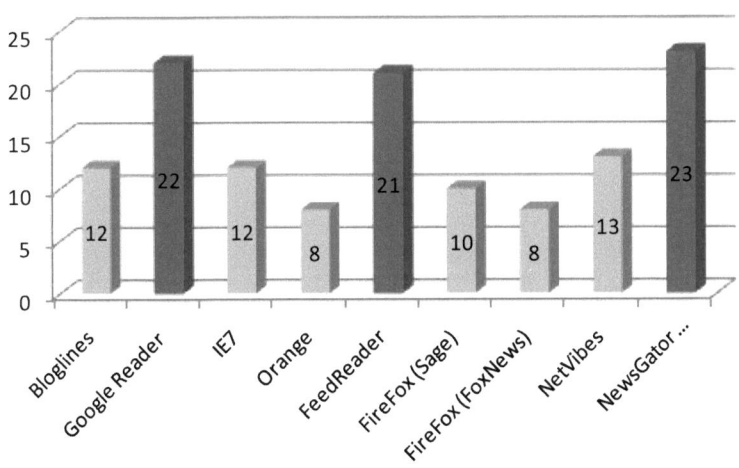

Fonctionnalité	Bloglines	Google Reader	IE7	Orange	FeedReader	FireFox (Sage)	FireFox (FoxNews)	NetVibes	NewsGator (MS Outlook)
Type	2	2	1	2	1	2	2	2	1
OS	1	1	0	1	0	1	1	1	0
Mobile	1	1	1	0	1	1	1	1	1
Arborescence des Feeds	1	1	3	2	3	3	2	2	3
Prise en Compte du HTML	1	1	1	-1	1	1	1	1	1
Gestion des posts lus/pas lus, effacement	2	2	2	-1	2	1	2	2	2
Rapiditité	1	2	2	2	0	2	0	2	2
Déplacement des feeds	1	2	2	1	2	2	-1	1	2
Archivage	0	1	-1	0	2	-1	-1	-1	2
Ergonomie	-1	1	2	2	2	1	2	2	2
Partager	1	2	-1	2	1	-1	-1	-1	2
Import/Export feeds	1	1	1	1	1	1	1	1	1
Raccourcis clavier	1	1	-1	-1	1	-1	1	-1	1
Recherche dans les feeds	-1	2	1	-1	2	-1	-1	2	2
Tagging	0	1	0	0	1	0	0	0	0
Flag, Star, Clip	1	1	-1	-1	1	-1	-1	-1	1
	12	22	12	8	21	10	8	13	23

7.6 Présentation de Capgemini Consulting et de l'entité BIS

7.6.1 Capgemini Consulting, leader en France du conseil en management

Un héritage prestigieux — Capgemini Consulting est issu du rapprochement de cabinets de conseil réputés : Bossard Consultants, Gemini Consulting et Ernst & Young Consulting.

Leader en France — Fort de 800 consultants, *Capgemini Consulting* est le premier cabinet de conseil en management en France et fait partie du réseau des 5000 consultants en management du groupe *Capgemini*, qui constitue une force de frappe mondiale de tout premier rang au service de nos clients dans près de 30 pays.

Transformation d'entreprise — Positionné sur le marché du conseil en stratégie, management et systèmes d'information et doté d'expertises sectorielles et fonctionnelles de premier plan, *Capgemini Consulting* a pour ambition d'aider ses clients à identifier, structurer et exécuter de grands projets de transformation qui impactent durablement leur croissance ou leur compétitivité.

7.6.2 Une capacité unique à relever les enjeux d'un projet de transformation et à concevoir la stratégie de mise en œuvre

Capgemini Consulting a développé des savoir-faire et des **méthodologies spécifiques**, nourris d'une riche expérience de la **transformation des entreprises** et de la conduite du changement, lui permettant d'accompagner les organisations dans leurs évolutions en portant une grande attention aux facteurs clés d'une transformation réussie :

- Définir la trajectoire la plus adéquate au regard des freins identifiés,
- S'appuyer, dans la mise en œuvre, sur les leviers pertinents pour tirer le meilleur parti du potentiel d'innovation des hommes et des technologies
- S'attacher à obtenir des résultats rapides, mesurables et durables.

Sa taille sans équivalent en France et son **réseau international** permettent à Capgemini Consulting de compter parmi les très rares cabinets de conseil capables de **répondre aux problématiques globales** des entreprises quel que soit leur secteur d'activité : Industrie, Sciences de la Vie, Automobile, Energie, Utilities, Consommation – Distribution, Transport, Tourisme, Gouvernement, Telecom & Media, Banque-Assurance.

7.6.3 Une approche et un style différenciant dont nos clients reconnaissent la valeur ajoutée et la particularité

La réussite de nos missions s'appuie sur une forte collaboration avec nos interlocuteurs, en impliquant de manière conjointe nos équipes et celles du client, pour accompagner efficacement les hommes et leur projet et favoriser la transmission de savoir-faire.

Capgemini a développé une façon unique de travailler avec ses clients, appelée **« Collaborative Business Experience »**, basée sur les capacités de dialogue et de collaboration que lui reconnaissent ses clients.

Plus qu'une philosophie, la **« Collaborative Business Experience »** est un mode de travail qui renforce l'engagement de Capgemini vis-à-vis de ses clients.

En définissant conjointement les objectifs, en mettant en place des processus simples et plus efficaces, en partageant les risques comme les expertises, en structurant des équipes communes, *Capgemini* aide les entreprises à mettre en place des stratégies de croissance, à développer leurs technologies et à prospérer.

7.6.4 Capgemini Consulting en bref

- Un cabinet de référence en France né du rapprochement de cabinets réputés,
- Le leader français du conseil en stratégie, management et système d'information,
- Un positionnement unique sur le marché de la transformation d'entreprise,
- Une force de frappe incontestable de plus de 5000 consultants au niveau mondial dont près de 800 en France,
- Un champ de compétences et une palette d'expertises sectorielles et thématiques uniques,
- Une approche, des outils et une méthodologie spécifiques,
- Un style de conseil différenciant, la **Collaborative Business Experience**,
- La puissance d'un Groupe : une capacité à combiner chacun des métiers du Groupe en fonction des besoins des clients,
- Une Ecole de la transformation d'entreprise.

7.6.5 Le modèle de conseil Capgemini

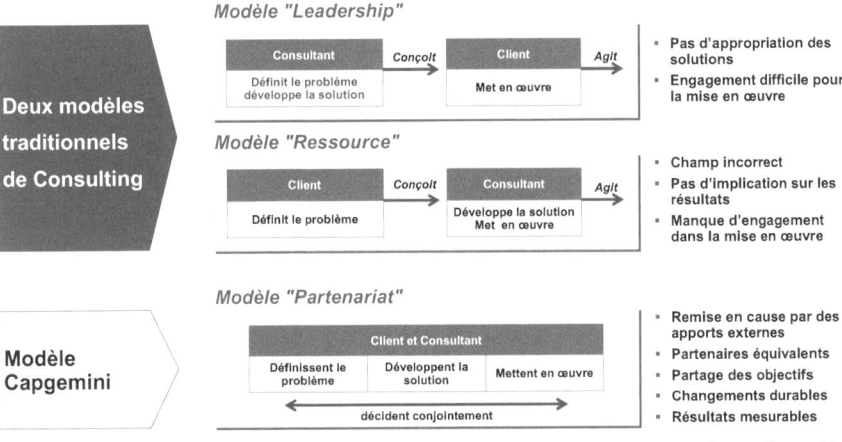

Source, Capgemini

7.6.6 Les domaines de compétences

o **Stratégie Marketing & Vente** (110 consultants) : S'engager aux côtés des dirigeants et de leurs équipes pour élaborer et mettre en œuvre une dynamique d'entreprise favorisant leur développement sur le marché.

o **Conduite du changement** (90 consultants) : Ajuster le système managérial et humain de l'entreprise pour développer les comportements créateurs de valeur.

o **Stratégie et management des systèmes d'information** (160 consultants) : Aider les directions générales et les DSI à maximiser la valeur du lien métier / IT, à améliorer la performance de la fonction informatique et à réussir les grands projets de transformation mixtes.

o **Transformation des fonctions financières et RH** (100 consultants) : Aider les directions générales à piloter la performance économique et gérer le capital humain de leur entreprise.

o **Supply Chain** (80 consultants) : S'engager auprès des entreprises à améliorer durablement la compétitivité des opérations et à accélérer le renouvellement de leurs offres.

o **Innovation et R&D** (40 consultants) : Accompagner la transformation des fonctions Achats et R&D des entreprises pour améliorer leur performance économique et construire des avantages compétitifs pérennes.

7.6.7 **Les expertises : Sectorielles et fonctionnelles**

Source, Capgemini

7.6.8 **BIS, une équipe leader sur son marché**

- 500 consultants en management dans le monde (350 en Europe), spécialisés dans la fonction système d'information et la transformation de l'entreprise par le SI
- Une approche de conseil en management sur un domaine traditionnellement technique :
- Compréhension des enjeux métiers
- Une approche globale et cohérente de l'ensemble des problématiques (métier, IT, RH, ...)
- La capacité à intervenir au niveau international
- Une entité adossée à une société de services informatiques indépendante (capacité à mobiliser les expertises et savoir-faire du groupe)
- Une base de données mondiale autour du management des SI
- Des clients parmi les 50 premières entreprises mondiales
- Une équipe qui partage les valeurs et le style du Cabinet de Conseil Capgemini Consulting

7.6.9 **BIS intervient dans tous les secteurs d'activité, auprès d'entreprises leaders dans leur domaine**

7.7 Présentation du « Paris Shop » (cellule de veille de Capgemini)

The Paris Shop est l'entité « Research & Analysis » dédiée au développement de Business de Capgemini France.
La mission de cette entité se résume à :

> « Aider l'ensemble des Filiales de Capgemini France dans leurs démarches commerciales ou sur contrats en apportant des informations brutes et/ou en réalisant des études (synthèses/analyses) pertinentes sur nos marchés et ceux de nos clients. Les recherches d'informations et les études sont réalisées par une équipe de Business Researchers et de Consultants.

Trois prestations principales sont délivrées par cette entité du groupe :

- **Shop-Infos** pour la recherche d'informations
- **Shop-Veilles** pour la veille périodique
- **Shop-Etudes** pour les synthèses et les analyses

La cellule utilise les sources externes les plus reconnues selon les domaines d'investigations :

- **Données financières :** *Amadeus, Thomson Financial, Coface, etc.*
- **Benchmark et études :** *Gartner, PAC, Forrester, IDC, AMR Research, etc.*
- **La presse généraliste et spécialisée :** *factiva, xerfi, Thomson Research, etc.*

En plus des prestations citées ci-dessus, le « Shop » peut donner les accès aux consultants à certaines des bases de données et permet de créer des alertes pour certaines bases.

7.8 Joomla! (Source : Wikipedia)

Joomla! est un système de gestion de contenu libre, open source et gratuit. Il est écrit en *PHP* et utilise une base de données *MySQL*. Joomla! inclut des fonctionnalités telles que des flux RSS, des news, une version imprimable des pages, des blogs, des sondages, des recherches. Joomla! est sous licence GNU GPL.

Joomla! (en swahili, veut dire : le tout, tous ensemble et a un sens proche en arabe où il veut dire également : "phrase") créé à partir du CMS Open Source Mambo en août 2005 suite aux désaccords d'une majorité des développeurs open source avec la société propriétaire du nom *Mambo*. Celle-ci pour accroître sa notoriété voulait utiliser ce nom pour le CMS propriétaire qu'elle développait en parallèle. La très grande majorité des utilisateurs a rapidement suivi le mouvement.

Dans le concours 2007 du meilleur CMS, *Joomla!* est arrivé 2e dans la catégorie 2007 *Overall Open Source Content Management System Award* (derrière Drupal) et 1er dans la catégorie *Best PHP Open Source Content Management System*.

7.8.1 Caractéristiques

✓ *La modularité*

Joomla! se compose de plusieurs parties, qui sont construites pour être le plus modulaire possible, ce qui permet des extensions et intégrations à faire facilement. Certaines extensions sont appelées « plugins ». Les plugins sont des extensions de fond qui donnent à *Joomla!* de nouvelles fonctionnalités. Le *WikiBot*, par exemple, permet à l'auteur de contenu *Joomla!* d'utiliser « Wikitags » dans ses articles *Joomla!* qui vont créer des dynamiques d'auto-hyperliens vers des articles *Wikipédia* lorsqu'il est affiché. Il y a plus de 2700 extensions pour *Joomla!* disponibles via des extensions Directory, OpenSourceMatters un site qui fonctionne comme un répertoire officiel des extensions.

En plus des plugins, des extensions sont disponibles. Les « Composants » permettent d'effectuer des tâches telles que la construction d'une communauté en expansion avec des fonctionnalités pour les utilisateurs, la sauvegarde d'un site web, traduire le contenu et créer des URL qui sont plus optimisés pour le référencement dans les moteurs de recherche. Certains « Modules » permettent d'effectuer des tâches telles que l'affichage d'un calendrier ou un code personnalisé pour *Google AdSense* etc. à insérer dans le code de base de *Joomla!*

✓ *Une interface administrateur simple d'utilisation*

Joomla! permet aux administrateurs de fixer les paramètres de configuration globaux qui affectent tous les articles. Chaque page est conforme à ces paramètres par défaut, mais une page peut avoir son propre réglage de chaque paramètre. Il est par exemple possible de choisir d'afficher l'article, l'auteur, cacher l'auteur, etc.

✓ **La Personnalisation**

L'utilisateur de *Joomla!* peut en plus des paramètres de configuration de base le personnaliser sur plusieurs niveaux :

Au niveau du code de *Joomla!* : l'utilisateur qui a des connaissances en *PHP* peut aller mettre à jour le code suivant ses besoins

Du point de vue de l'affichage (templates) : *Joomla!* permet à l'utilisateur de créer son propre template en disposant les menus suivant son goût ;

Ajout de fonctionnalités : il se fait soit sous forme de module, soit de composants.

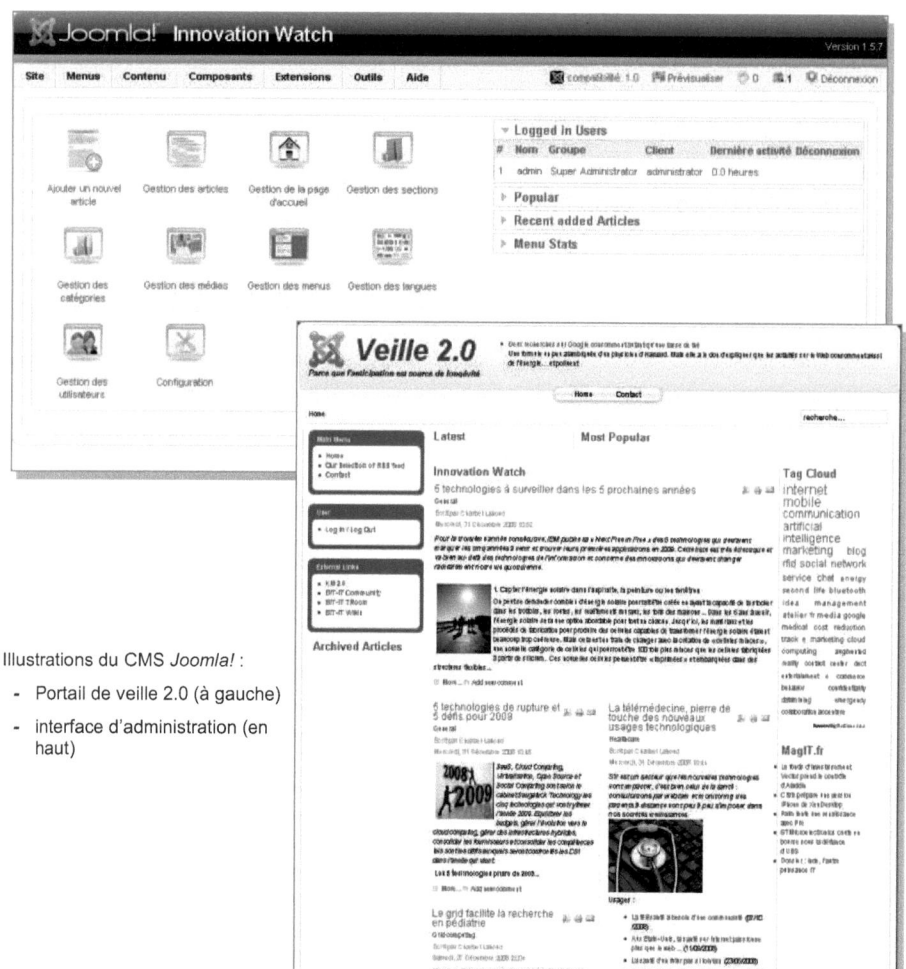

Illustrations du CMS *Joomla!* :
- Portail de veille 2.0 (à gauche)
- interface d'administration (en haut)

8. Biographie des principaux auteurs

Voici une petite biographie de certains des auteurs cités dans ce mémoire :

Christophe Asselin

Issu d'un cabinet d'études de marché B2B et spécialisé depuis 1997 dans la mise en place de systèmes de veille (e-France.org, Ecole Militaire), *Christophe Asselin* allie une connaissance approfondie des secteurs économiques et une parfaite maîtrise des outils de recherche sur internet et des solutions avancées de veille. Expert reconnu, il édite le site http://www.intelligence-center.com et le blog http://influx.joueb.com, tout deux consacrés à la recherche d'information.

Spécialiste de la veille internet chez *Digimind*, il accompagne les clients dans la mise en place de leur dispositif de veille (expression des besoins, définition de plans de veille, sourcing, architecture, paramétrage, formation, accompagnement). Il intervient ainsi auprès de sociétés dans différents secteurs : les télécoms avec France Telecom R&D, l'industrie pharmaceutique avec *Sanofi Aventis*, *Roche Pharma*, *Expanscience* ainsi qu'*Alstom Transport*, *Veolia Environnement* et des références confidentielles dans le secteur des biotechnologies, de l'énergie, des télécoms, de l'imprimerie, de la défense, du conseil, etc.

Hubert Guillaud

Hubert Guillaud, 37 ans, éditeur de formation, est rédacteur en chef d'InternetActu.net et responsable de la veille à la Fondation Internet nouvelle génération. Il blogue également sur *LaFeuille*, un blog consacré à l'édition électronique, et sur *LeRomanais*, un blog local et citoyen consacré à Romans-sur-Isère (Drôme) et aux transformations du web local.

Daniel Kaplan

Daniel Kaplan, 46 ans, a été désigné en 2002 par le magazine *Newbiz* comme l'une des 100 personnalités qui « font vraiment bouger la France ». Il est le délégué général de la *Fondation pour l'Internet Nouvelle Génération* (FING), qui vise à repérer, stimuler et valoriser l'innovation dans les services et les usages de l'internet. Il préside également l'Institut européen du e-learning (ElfEL). Membre de la Chambre d'experts du programme *e-Europe*, membre du Conseil stratégique des technologies de l'information, co-fondateur du Chapitre français de l'Internet Society, *Daniel Kaplan* est profondément impliqué dans le développement de l'Internet en France et dans le monde. Il a écrit ou dirigé 15 ouvrages sur le thème de l'internet, de la mobilité, de la prospective technologique, de l'e-éducation, de l'e-inclusion, du commerce et des médias électroniques.

Frédéric Martinet

Diplômé de l'Université des Sciences Sociales de Toulouse en Intelligence Economique et intervenant en université et école de commerce sur les problématiques de recherche d'information et de veille. Il est en charge de l'accompagnement des clients de KB Crawl sur leurs projets de veille.

Véronique Mesguich

Directrice adjointe de l'infothèque du pôle universitaire Léonard de Vinci.

De formation universitaire en mathématiques appliqués, *Véronique Mesguich* a tout d'abord travaillé pour la cité des sciences et de l'industrie en tant qu'attachée scientifique et technique. Ensuite, *Véronique Mesguich* s'est orientée vers les métiers de la veille et de l'intelligence économique. Elle a créé en 1988 et co-dirigé pendant six ans le cabinet *Diagram*, spécialisé en veille technologique. Aujourd'hui, elle enseigne la maîtrise de l'information stratégique dans plusieurs établissements d'enseignement supérieur et anime également des séminaires de formation continue pour des organismes institutionnels. Elle intervient régulièrement lors de séminaires ou colloques spécialisés sur la veille et l'intelligence économique.

9. Table des Figures

Figure 1 : Echelle de participation 14
Figure 2 : Label "article de qualité" de l'article "Droit de l'Homme en Iran" 14
Figure 3 : Cartographie des "communautés virtuelles". Par Randall Munroe. DR 17
Figure 4 : Exemple d'icônes permettant d'ajouter du contenu aux services de social bookmarking (source: http://sharethis.com) 22
Figure 5 : Mon profil sur Viadeo 27
Figure 6 : Nombre de blogs en milliers et millions (Estimation DIGIMIND Services) 31
Figure 7 : Carte des ressources du Web 2.0 (créée avec le logiciel *Freemind*) 38
Figure 8 : Typologie des risques 39
Figure 9 : Retournement du logo de la SNCF 43
Figure 10 : Illustration du cas Kryptonite 44
Figure 11 : 2 groupes Facebook appelant au boycott de la banque durant l'été 2007 ... 45
Figure 12 : Cycle de veille 46
Figure 13 : Les différentes méthodes de collecte d'information 46
Figure 14 : Dispositif de la cellule de veille 56
Figure 15 : Les outils utilisés 56
Figure 16 : Le portail "Veille 2.0" 57
Figure 17 : Extrait du "Guide d'utilisation" du portail 58
Figure 18 : Extrait du rapport de *Google Analytics* permettant de mesurer l'affluence du portail 58
Figure 19 : Web 1.0 VS Web 2.0 (source : webilus.com) 62
Figure 20 : Comment marche les flux RSS ? (Source : http://www.Marketing-étudiant.fr)67
Figure 21 : Pourquoi le web invisible ? 63
Figure 22 : Les pages Web peu accessibles aux moteurs de recherche conventionnels64
Figure 23 : Le Web Invisible peut être représenté sous forme d'iceberg 64

10. Bibliographie

ASSELIN, Christophe et MESGUICH, Véronique. 2007. *Le Web 2.0 pour la veille et recherche d'information.* Paris : s.n., 2007. p. 113, Livre Blanc.

ASSELIN, Christophe. 2008. Réputation Internet : écoutez et analysez le buzz digital. *Digimind.* [En ligne] mai 2008. [Citation : 27 08 2008.] http://www.digimid.com/ (enregistrement nécessaire).

BELLON, Bertrand, MENARD, Marc-Henri et RENAUD-VILLENEUVE, Anne. 2005. *La veille technologique, quels nouveaux enjeux ?* istm / CCIP. Paris : s.n., 2005. p. 32, Les cahiers de la Recherche.

BISEUL, Xavier. 2007. Comment inoculer le virus de la veille ? *01 Informatique.* 28 9 2007, p. 1.

BOURDIER, Céline. 2007. *Enjeux et apport du web 2.0 pour la circulation de l'information dans l'entreprise.* INTD - CNAM. Paris : s.n., 2007. Mémoire.

Cigref. 2006. *Guide de recensement des outils de collecte, de traitement et de visualisation de l'information.* 2006. Livre Blanc.

Couve, Philippe. 2008. Comment le blog renouvelle le journalisme ? *Samsa News.* [En ligne] 18 novembre 2008. [Citation : 10 janvier 2009.] http://www.samsa.fr/2008/11/18/comment-le-blog-renouvelle-le-journalisme/.

COZIC, Frédéric. 2007. Le web2.0 illustré. *Webilus.com : Le web en une image, quelques mots et un lien....* [En ligne] 11 octobre 2007. [Citation : 20 novembre 2008.] http://webilus.com/illustration/le-web20-illustre.

Digimind & IAE. 2007. *Baromètre 2007 des pratiques de veille des grands entreprises françaises.* Paris : s.n., 2007. p. 46, Etude de Marché.

Digimind. 2007. *Risk Management.* Paris : s.n., 2007. Point de vue.

Dogpile.com. 2007. Different Engines, Different Results. [En ligne] avril 2007. [Citation : 10 janvier 2008.] http://www.infospaceinc.com/onlineprod/Overlap-DifferentEnginesDifferentResults.pdf.

EPELBOIN, Fabrice Epelboin. 2008. Un ciblage plus précis de la pub grâce à la sémantique. *ReadWriteWeb France.* [En ligne] 17 octobre 2008. [Citation : 20 novembre 2008.] http://fr.readwriteweb.com/2008/10/17/analyse/un-ciblage-plus-precis-de-la-pub-grace-a-la-semantique/.

FLANDROIS, Julien. *Automatiser sa veille sur Internet.*

GUILLAUD, Hubert. 2007. Limites du web 2.0 : une implication toujours faible. *Internet Actu.* [En ligne] 02 05 2007. [Citation : 27 08 2008.] http://www.internetactu.net/2007/05/02/limites-du-web-20-une-implication-toujours-faible/.

—. 2005. Qu'est-ce que le web 2.0 ? *Internet Actu.* [En ligne] 29 septembre 2005. [Citation : 20 novembre 2008.] http://www.internetactu.net/2005/09/29/quest-ce-que-le-web-20/.

HARDOUIN, Clément. 2006. Web "MoiAussi2.0" - détruire le mythe du Web 2.0. *fastclemmu.com : web, idées et marketing.* [En ligne] 2006 novembre 2006. [Citation : 2008 novembre 2008.] http://www.fastclemmy.com/?viewlog=113_detruire-le-mythe-du-web-2-0.

HUYGHE, François-Bernard. *Intélligence Stratégique et veille.* Note de Cours.

—. *Principales notions sur la stratégie de l'information.* Dictionnaire critique.

LE CROSNIER, Hervé. 2006. Web 2.0 et bibliothèques numériques. *Les entretiens de la BnF.* [En ligne] 8 décembre 2006. [Citation : 20 novembre 2008.] http://www.bnf.fr/PAGES/infopro/journeespro/ppt/lecrosnier/index.html.

Les-infostratèges.com. 2006. Dossier spécial : "Veille". *Les-infostratèges.com : Maîtriser tous les aspects de l'information pour comprendre le monde.* [En ligne] 17 juin 2006. [Citation : 20 novembre 2008.] http://www.les-infostrateges.com/article/0606231/dossier-special-veille.

LEVY, Pierre. 2002. *Cyberdémocratie : essai de philosophie politiaue.* Paris : Odile Jacob, 2002. p. 283.

LI, Charlene, et al. 2007. *Social Technographics : Mapping Participation In Activities Forms The Foundation Of A Social Strategy.* Forrester Research, Inc. 2007. Etude.

MADDEN, Mary et FOX, Susannah. 2006. Riding the Waves of "Web 2.0", More than a buzzword, but still not easily defined. *Pew Research Center.* [En ligne] 5 Octobre 2006. [Citation : 20 novembre 2008.] http://pewresearch.org/pubs/71/riding-the-waves-of-web-20.

MARKOFF, John. 2006. Entrepreneurs See a Web Guided by Common Sense. *New York Times.* [En ligne] 12 novembre 2006. [Citation : 20 novembre 2008.] http://www.nytimes.com/2006/11/12/business/12web.html?_r=1&ex=1164171600&en=3a1 82a17940e3901&ei=5070.

MARTINET, Frédéric et MONTOUX, Antoine. 2008. *Mise en place d'une cellule de veille sur internet.* KB Crawl. Paris : s.n., 2008. p. 31, Livre Blanc.

MAYFIELD, Ross. 2006. La loi de la participation. *Ross Mayfield's Blog.* [En ligne] 27 04 2006. [Citation : 8 27 2008.] http://ross.typepad.com/blog/2006/04/power_law_of_pa.html.

McAFEE, Andrew. 2006. The Trends Underlying Enterprise 2.0. *Harvard Business School.* [En ligne] 26 mars 2006. [Citation : 20 novembre 2008.] http://blog.hbs.edu/faculty/amcafee/index.php/faculty_amcafee_v3/entry/the_three_trends_underlying_enterprise_20.

MESGUICH, Véronique. 2006. Qu'est ce que le web 2.0 ? *Juriconnexion.* [En ligne] 2006. [Citation : 20 novembre 2008.] http://www.juriconnexion.fr/wp-content/uploads/2006/11/jcx2006_web20.pdf.

MICHEL, Jean. 1999. Veille informative, veille stratégique, intelligence économique... mais au fond, qu'est-ce que la veille ? *Page personnelle de Jean MICHEL.* [En ligne] 11 mars 1999. [Citation : 20 novembre 2008.] http://michel.jean.free.fr/publi/JM318.html.

OSER, Kris. 2007. Social Network Marketing to Reach $2.5 Billion in 2011. *eMarketer - The first place to look.* [En ligne] 9 mai 2007. [Citation : 20 novembre 2008.] http://www.emarketer.com/Article.aspx?id=1004918.

ROUACH, Daniel. 15 décembre 1999. *La veille technologique et l'intelligence économique.* [éd.] Presses Universitaires de France - PUF. Paris : s.n., 15 décembre 1999. p. 128.

SALAUN, Jean-Michel. 2006. Le paradoxe de Roger. *Bloc-notes de Jean-Michel Salaün.* [En ligne] 14 juin 2006. [Citation : 20 novembre 2008.] http://blogues.ebsi.umontreal.ca/jms/index.php/2006/06/14/38-le-paradoxe-de-roger.

Sifry, David. 2007. The State of the Live Web, April 2007. *David Sifry's musings.* [En ligne] 5 avril 2007. [Citation : 10 janvier 2008.] http://www.sifry.com/alerts/archives/000493.html.

Oui, je veux morebooks!

i want morebooks!

Buy your books fast and straightforward online - at one of world's fastest growing online book stores! Environmentally sound due to Print-on-Demand technologies.

Buy your books online at
www.get-morebooks.com

Achetez vos livres en ligne, vite et bien, sur l'une des librairies en ligne les plus performantes au monde!
En protégeant nos ressources et notre environnement grâce à l'impression à la demande.

La librairie en ligne pour acheter plus vite
www.morebooks.fr

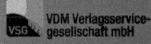 VDM Verlagsservicegesellschaft mbH
Heinrich-Böcking-Str. 6-8   Telefon: +49 681 3720 174   info@vdm-vsg.de
D - 66121 Saarbrücken   Telefax: +49 681 3720 1749   www.vdm-vsg.de

Printed by Books on Demand GmbH, Norderstedt / Germany